SEWING HARUE 20 개정판

Man & Kid Clothes

트렌디한 남성복 만들기

HANDIS

prologue

[소잉 하루에] Vol.20에는 아이와 함께 입을 수 있는

이지 캐주얼 스타일의 남성복을 담았습니다.

어떤 옷이 편할지, 어떤 옷이 손이 갈지 거듭 고민하고

골라 만들었습니다. 내가 직접 만든 옷을 입고

환하게 웃을 가족들을 상상해보세요.

contents

티셔츠

No.1
래글런 티셔츠(긴소매)
P.8 / P.68~69
Pattern A

No.2
래글런 티셔츠(반소매)
P.8 / P.70
Pattern A

No.3
베이직 티셔츠(긴소매)
P.9 / P.71
Pattern A

No.4
베이직 티셔츠(반소매)
P.9 / P.72
Pattern A

No.5
언더숄더 맨투맨
P.10 / P.73
Pattern B

No.6
후드티(성인/아동)
P.12 / P.74~75
성인 Pattern C
아동 Pattern D

No.7
이너웨어 Set
P.14 / P.76~78
Pattern D

셔츠

No.8
드레스 셔츠
P.16 / P.79~81
Pattern A

No.9
캐주얼 셔츠
P.18 / P.82~83
Pattern A, B

No.10
알로하 셔츠(성인/아동)
P.20 / P.84~85
성인 Pattern C
아동 Pattern D

No.11
헨리넥 셔츠
P.22 / P.86~87
Pattern A, B, D

팬츠

No.12
밴딩 팬츠(긴바지)
P.24 / P.88~89
Pattern A

No.13
밴딩 팬츠
(반바지_성인/아동)
P.24 / P.90~91
성인 Pattern A
아동 Pattern B

No.14
슬랙스
P.26 / P.92
Pattern B, D

No.15
트레이닝 팬츠(성인/아동)
P.28 / P.93
성인 Pattern C
아동 Pattern D

사진 제작
설명서 수록

No.16
면바지
P.30 / P.62~65
Pattern C, D

작품번호
작품명
화보페이지 / 제작 설명서
패턴 면수

작품의 화보가 실린 페이지, 일러스트 제작 설명서 페이지, 그리고 작품의 패턴이 있
는 면수를 게재하고 있습니다. 이 페이지에서 작품을 한눈에 보고 제작 설명서와
패턴을 쉽게 찾아보세요.
본 서적에 사용된 원단은 심플소잉(http://www.simplesewing.co.kr)과 패션스타트
(http://www.fashionstart.net)에서 확인하실 수 있습니다.

| NO.1 | 래글런 티셔츠(긴소매) | Raglan T-Shirt |
| NO.2 | 래글런 티셔츠(반소매) | Raglan T-Shirt |

베이직한 핏의 래글런 티셔츠입니다. 몸판에 와펜이나 라벨을 달아 포인트를 주고, 긴소매는 주머니를 달아 완성했습니다. 원하는 원단을 골라 배색하여 만들어보세요.

How to make ··· P.68~70
Pattern ··· 긴소매 A면 A-1
반소매 A면 A-2

작품 제작 ··· 소잉스토리

사용한 원단 (긴소매) 40수 양면 다이마루_멜란지그레이, 블랙
(반소매) 40수 양면 다이마루_백아이, 다크 네이비

| NO.3 | 베이직 티셔츠(긴소매) | Basic T-Shirt |
| NO.4 | 베이직 티셔츠(반소매) | Basic T-Shirt |

가장 기본이 되는 베이직 티셔츠입니다. 몸판이나 소매에 와펜을 달아 포인트를 주고,
긴소매는 주머니를 달아 완성했습니다. 다양한 프린트 원단을 사용해 만들어 보세요.

How to make ··· P.71~72
Pattern ··· 긴소매 A면 A-3
반소매 A면 A-4

작품 제작 ··· 소잉스토리
사용한 원단 (긴소매) 니트스트라이프_네이비&아이보리
(반소매) 20수 싱글 다이마루_화이트

작품 제작 ··· 소잉스토리

어깨선을 내린 낙낙한 핏의 맨투맨입니다. 몸판과 소매의 밑
단, 목둘레에 시보리를 달고, 뒷목둘레에 자수로 포인트를
주었습니다. 취향에 따라 와펜이나 전사지를 더해보세요.

How to make … P.73
Pattern … B면 A-5

사용한 원단
소프트 코튼 벌키쮸리 스판 워싱_인디핑크

자수 : 자수플러스 www.jasuplus.com

작품 제작 … 소잉스토리

외출복이나 운동복으로 편하게 입을 수 있는 후드티입니다. 후드
에는 아일렛을 달아 끈을 넣어 완성했으며, No.15 트레이닝 팬
츠와 함께 매치하여 트레이닝 세트로 스타일링해도 좋습니다.

How to make ⋯ P.74~75
Pattern ⋯ 성인 C면 A-6
　　　　　 아동 D면 A-6

성인

아동

사용한 원단
(성인) 소프트 코튼 벌키퓨리 스판 워싱_블랙
(아동) 소프트 코튼 벌키퓨리 스판 워싱_차콜

자수 : 자수플러스 www.jasuplus.com

작품 제작 ⋯ 소잉스토리

편하게 입을 수 있는 민소매와 트렁크 팬티입니다.
몸에 직접 닿는 옷이기 때문에 좋은 원단으로 만
드는 것을 추천합니다. 트렁크 팬티는 무늬 원단을
사용해 특별하게 만들어보세요.

How to make ⋯ P.76~78
Pattern ⋯ D면 A-7

사용한 원단
(민소매) 20수 싱글 다이마루_화이트
(트렁크 팬티) 40수 소프트 코튼 마이크로 도트_네이비&백아이

작품 제작 … 진미영

작품 제작 … 진미영

베이직한 핏의 드레스 셔츠입니다. 뒷몸판에 다트를 주어 허리
라인을 잡아주고, 요크를 달아 완성했습니다. 취향에 따라 다양
한 색과 무늬의 원단으로 여러 벌 만들어 보세요.

How to make … P.79~81
Pattern … A면 B-1

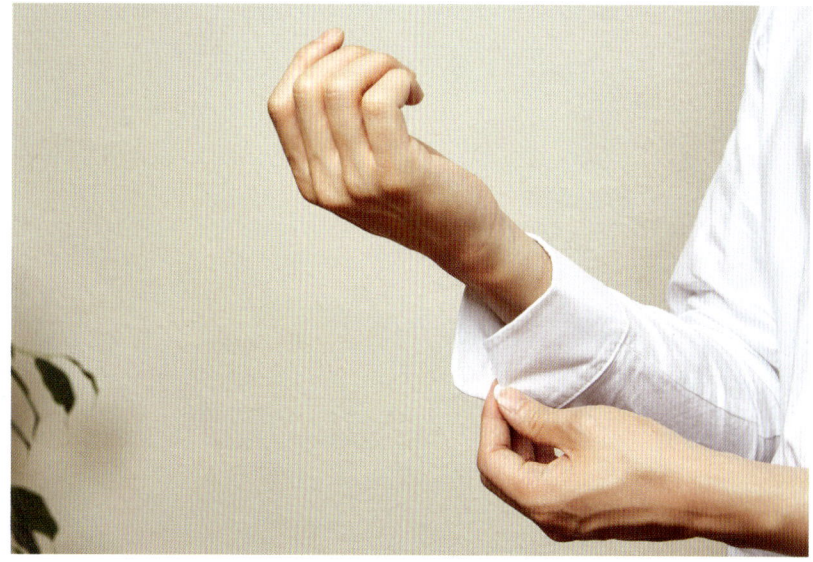

사용한 원단
소프트 40수 면트윌_화이트

작품 제작 ··· 신우선

스트라이프 원단으로 만든 루즈한 핏의 캐주얼 셔츠입니다. 뒷요크
아래에 턱을 잡고, 앞몸판에 주머니를 달아 완성했습니다. 원하는
무늬의 원단을 골라 다양하게 활용해보세요.

How to make … P.82~83
Pattern … A, B면 B-2

사용한 원단
20수 코튼 선염스트라이프_네이비

알로하 셔츠(성인/아동) Aloha Shirt

작품 제작 … 한혜정(성인), 임희정(아동)

작품 제작 … 한혜정(성인), 임희정(아동)

반소매로 만들어 여름에 입기 좋은 알로하 셔츠입니다. 오픈칼라로
포인트를 주어 시원하게 입을 수 있습니다. 리넨 소재나 화려한 패턴
의 원단으로 만들어도 멋스럽습니다.

How to make ⋯ P.84~85
Pattern ⋯ 성인 C면 B-3
　　　　　아동 D면 B-3

성인

아동

사용한 원단
(성인) 코튼리넨 드레시 무지_카키
(아동) 소프트 20수 코튼 하와이안 플라워_블랙&오렌지

작품 제작 … 임효춘

루즈한 핏의 헨리넥 셔츠입니다. 차이나칼라를 달아 깔끔하고
단정한 느낌을 주고, 뒷요크 아래에 턱을 잡아 완성했습니다.
반바지와 매치하여 캐주얼한 느낌으로 연출해 보세요.

How to make … P.86~87
Pattern … A, B, D면 B-4

사용한 원단
코튼 리넨 드레시 무지_로얄 네이비

작품 제작 … 소잉스토리

허리에 고무줄을 넣어 착용하기 편한 팬츠입니다. 한 벌씩 만들어
두면 사계절 내내 활용하기 좋은 아이템이며, 성인 팬츠는 반바지
기장, 긴바지 기장 2가지 스타일로 제작이 가능합니다. 시원한 리넨
소재나 화려한 프린트 원단으로 제작해보세요.

How to make … P.88~91
Pattern … 성인 긴바지 A면 C-1
　　　　　　성인 반바지 A면 C-2
　　　　　　아동 반바지 B면 C-2

No.13
성인
반바지

No.13
아동
반바지

No.12
성인
긴바지

사용한 원단
(성인 긴바지) 드프렌치 리넨 샹브레이 무지_차콜
(성인 반바지) 소프트 20수 코튼 하와이안 플라워_블랙&오렌지
(아동 반바지) 코튼리넨 드레시 무지_카키

작품 제작 ⋯ 소잉스토리

베이직한 디자인의 슬랙스입니다. 허리벨트의 여밈 부분을 길게
만들고, 후크를 달아 깔끔하게 마무리했습니다. 셔츠나 맨투맨
과 함께 스타일링 해보세요.

How to make … P.92
Pattern … B, D면 C-3

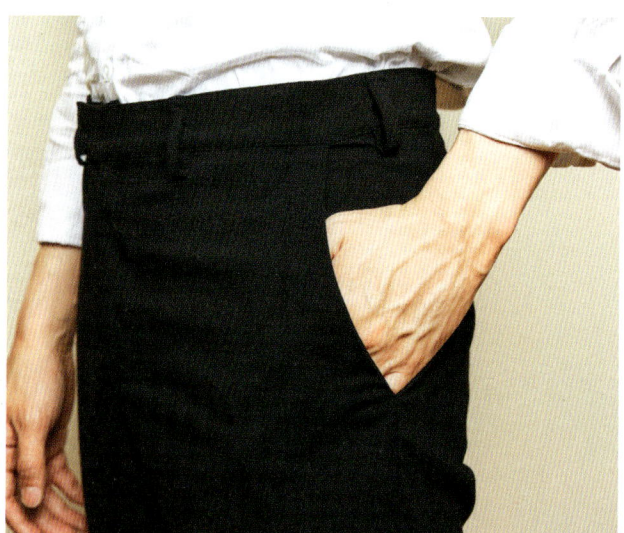

사용한 원단
정장지 무지_블랙

작품 제작 … 소잉스토리

홈웨어나 운동복으로 편하게 착용하기 좋은 트레이닝 팬츠
입니다. 앞주머니를 달아 실용성을 높였으며, No.6 후드티와
함께 매치하여 트레이닝 세트로 스타일링해도 좋습니다.

How to make … P.93
Pattern … 성인 C면 C-4
　　　　　아동 D면 C-4

성인

아동

사용한 원단
(성인) 소프트 코튼 벌키쮸리 스판 워싱_블랙
(아동) 소프트 코튼 벌키쮸리 스판 워싱_차콜

면바지 Cotton Pants

작품 제작 … 소잉스토리

일자로 떨어지는 실루엣의 면바지입니다. 다양한 컬러와 원단으로 여러 벌 만들어 두면 사계절 내내 활용하기 좋습니다. 밑단을 롤업해서 입으면 스타일리시한 느낌을 줄 수 있습니다.

How to make … P.62~65
Pattern … C, D면 C-5

사용한 원단
20수 트윌 스판 솔리드_베이지

작품 제작 ··· 이보배(성인), 김혜선(아동)

작품 제작 ··· 이보배(성인), 김혜선(아동)

컨버터블 칼라와 싱글 버튼 디자인의 싱글 코트입니다. 뒷몸판에
벤트 트임을 주어 활동하기 편하도록 만들었습니다. 아이와 함께
착용하여 멋스러운 커플룩을 연출해보세요.

How to make ··· P.94~99
Pattern ··· 성인 B, D면 D-1
　　　　　아동 A면 D-1

성인

아동

사용한 원단
(성인) 30수 트윌_네이비
(아동) 30수 트윌_겨자

작품 제작 … 이미영

심플한 디자인의 블루종입니다. 몸판과 소매의 밑
단, 목둘레에 다른 컬러의 시보리를 달아 캐주얼한
느낌을 더했습니다. 티셔츠 위에 가볍게 걸쳐 멋스
러운 스타일링을 완성해보세요.

How to make ··· P.100~101
Pattern ··· B면 D-2

사용한 원단
20수 메모리_샌드카키

작품 제작 … 신영민

베이직하고 심플한 자켓입니다. 장식 주머니를 달아 포인트를 주고, 끝단은 바이어스 처리하여 깔끔하게 완성했습니다. 블랙 컬러의 상의와 함께 매치하여 더욱 돋보이게 연출해보세요.

How to make ⋯ P.102~104
Pattern ⋯ C면 D-3

사용한 원단
리넨라이크 폴리 내추럴 무지_화이트x베이지

작품 제작 … 소잉스토리

성인

선글라스를 보관할 수 있는 케이스입니다. 안쪽에
푸딩 심지를 넣어 선글라스를 안전하게 보호할 수
있으며, 입구에는 바네를 넣어 쉽게 여닫을 수 있
도록 만들었습니다.

How to make ··· P.105~106
Pattern ··· 성인, 아동 A면 E-1

아동

사용한 원단
(성인) 코하스아이디 알렉산드로멘디니 플레이_블랙
(아동) 코하스아이디 알렉산드로멘디니 파티_그린

작품 제작 … 소잉스토리

큰 사이즈의 에코백입니다. 몸판과 다른 컬러의 웨이빙끈
으로 포인트를 주었으며, 안쪽에 주머니를 달아 실용성을
높였습니다. 심플한 디자인으로 어디에나 활용하기 좋은
아이템입니다.

How to make … P.107~108
Pattern … B면 E-2

사용한 원단
코디 8수 캔버스 오스카_다크그린

보스턴백 Boston Bag

작품 제작 ··· 소잉스토리

고급스러운 광택과 컬러가 돋보이는 보스턴백입니다. 토트백이
나 크로스백으로 사용할 수 있으며, 옆선의 연결고리로 형태를
변형시킬 수 있는 활용도 높은 아이템입니다.

How to make … P.109〜111
Pattern … C면 E-3

사용한 원단
코하스아이디 나일론 클레씨_브라운

epilogue

수작업으로 옷을 만드는 일은 각별한 정성과 노력이
필요합니다. 원단을 자르고 재봉틀을 돌리다가 지칠 때,
당신이 이 옷을 입고 행복한 웃음을 짓는 상상을 하면
다시 시작할 수 있는 큰 힘이 됩니다. 핸드메이드로 만든
이 옷은 당신을 향한 나의 손끝에서 피어난 마음입니다.

Behind

나의 손길이 닿은 핸드메이드 옷. 사랑하는 사람들.
내가 사랑하는 것으로 가득 채운 한 장

남성모델 정석영 182cm / 65kg / 100 사이즈 착용
남성모델 황부용 182cm / 65kg / 100 사이즈 착용
아동모델 장선율 104cm / 17kg / 110 사이즈 착용

Sewing Tip

1. 사이즈 재는 법

본 서적의 실물크기 패턴은 아래의 사이즈 표를 기준으로 제작되었습니다. 성인일 경우, 상의는 가슴둘레를 기준으로, 하의는 허리둘레와 엉덩이둘레를 기준으로 실물크기 패턴을 사용합니다. 아동일 경우, 신장 기준으로 실물크기 패턴을 사용해주세요. 먼저 사이즈를 측정하여 제일 근접한 사이즈의 실물크기 패턴을 사용하는 것이 좋습니다.

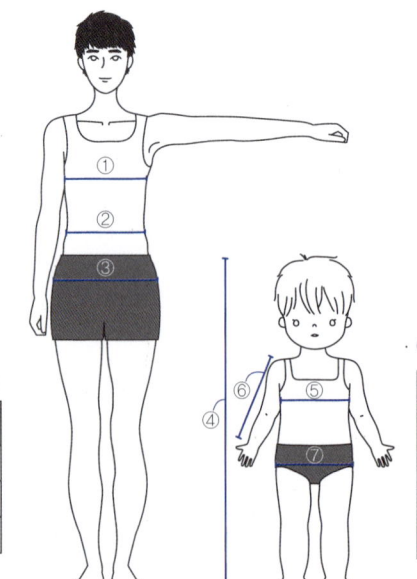

· 성인남성 신체 실측 치수   단위(cm)

사이즈 분류	95	100	105	110
①가슴둘레	95	100	105	110
②허리둘레	85	90	95	100
③엉덩이둘레	97	106	107	112

※사이즈는 재는 방법에 따라 1~3cm 정도 차이가 있을 수 있습니다

· 아동 신체 실측 치수   단위(cm)

사이즈 분류	90	100	110	120	130
④신장	90	100	110	120	130
⑤가슴둘레	50	52	56	60	64
⑥팔길이	36.5	43	50.5	55	58
⑦엉덩이둘레	54	57	60	63	66

※사이즈는 재는 방법에 따라 1~3cm 정도 차이가 있을 수 있습니다

2. 품과 길이 수정하는 방법

가슴이나 엉덩이 둘레에 맞춰 패턴 사이즈를 고르면, 길이 또는 품이 맞지 않는 경우가 있습니다.
이때, 패턴을 몸에 맞춰 수정하면 딱 맞는 옷을 만들 수 있습니다.

2-1.
몸판의 길이를 늘리고 싶은 경우

몸판의 품이 100사이즈일 때, 옷 길이를 늘리고 싶을 경우 몸판의 폭은 100사이즈의 선에 맞춰서 그리고, 밑단 완성선만 더 큰 사이즈의 선에 맞춰 그린 후, 옆선과 밑단선을 연결한다

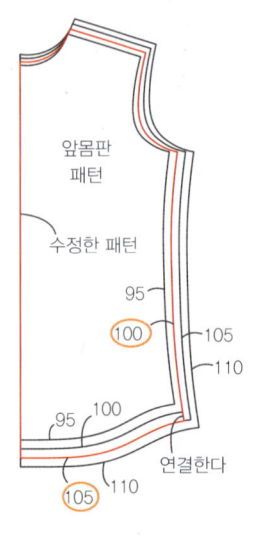

2-2.
몸판의 품을 늘리고 싶은 경우

신장이 100사이즈일 때, 몸판의 품을 늘리고 싶은 경우는 밑단 완성선은 100사이즈의 선에 맞춰서 그리고, 몸판의 폭은 더 큰 사이즈의 선에 맞춰 그린 후, 옆선과 밑단선을 연결한다

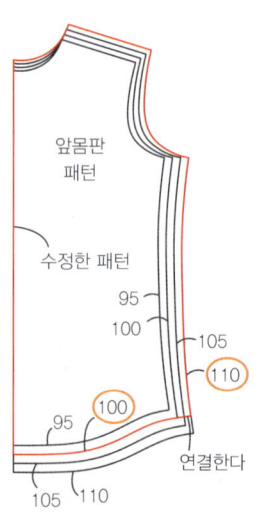

3. 원하는 사이즈로 수정하는 방법

3-1. 몸판&소매

〈폭을 크게할 때〉 ★=늘려야 하는 치수의 1/4
     ex)늘려야 하는 치수가 4cm라면 ★=1cm

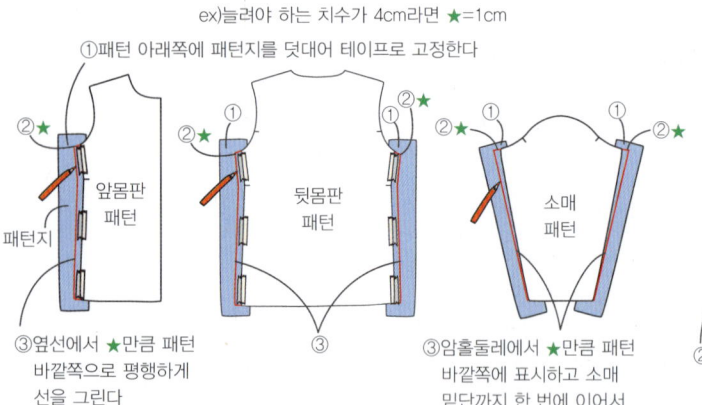

①패턴 아래쪽에 패턴지를 덧대어 테이프로 고정한다
패턴지
앞몸판 패턴
뒷몸판 패턴
소매 패턴
③옆선에서 ★만큼 패턴 바깥쪽으로 평행하게 선을 그린다
③암홀둘레에서 ★만큼 패턴 바깥쪽에 표시하고 소매 밑단까지 한 번에 이어서 선을 그린다
※반대쪽 앞몸판 패턴도 같은 방법으로 만든다

〈폭을 작게할 때〉 ★=줄여야 하는 치수의 1/4
     ex)줄여야 하는 치수가 4cm라면 ★=1cm

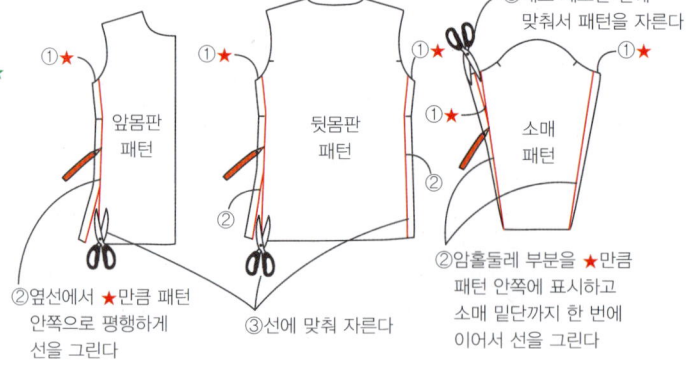

③새로 제도한 선에 맞춰서 패턴을 자른다
앞몸판 패턴
뒷몸판 패턴
소매 패턴
②옆선에서 ★만큼 패턴 안쪽으로 평행하게 선을 그린다
③선에 맞춰 자른다
②암홀둘레 부분을 ★만큼 패턴 안쪽에 표시하고 소매 밑단까지 한 번에 이어서 선을 그린다
※반대쪽 앞몸판 패턴도 같은 방법으로 만든다

3-2. 팬츠

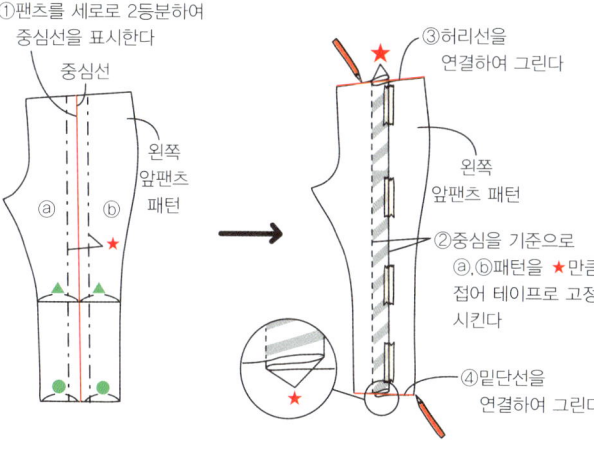

〈폭을 크게할 때〉 ★=늘려야 하는 허리치수의 1/4
ex)늘려야 하는 치수가 4cm라면 ★=1cm

①팬츠를 세로로 2등분하여
중심선을 표시한다
중심선
왼쪽
앞팬츠
패턴
30cm
ⓐ ⓑ
②표시한 중심선에 맞춰 자른다

④패턴지의 기준선에
맞춰 ⓐ를 테이프로
고정한다

③패턴지에 기준선을 표시한다
기준선
⑥허리선을
연결하여 그린다

⑤ⓑ를 ★만큼
기준선에서
평행하게 떨어뜨려
패턴지에 테이프로
고정한다

ⓐ ⓑ

왼쪽
앞팬츠
패턴

⑦밑단선을 연결하여 그린다

※뒤팬츠도 같은 방법으로 만든다

〈폭을 작게할 때〉 ★=줄여야 하는 허리치수의 1/4
ex)줄여야 하는 치수가 4cm라면 ★=1cm

①팬츠를 세로로 2등분하여
중심선을 표시한다
중심선
왼쪽
앞팬츠
패턴
ⓐ ⓑ

③허리선을
연결하여 그린다

왼쪽
앞팬츠
패턴

②중심을 기준으로
ⓐ,ⓑ패턴을 ★만큼
접어 테이프로 고정
시킨다

④밑단선을
연결하여 그린다

※뒤팬츠도 같은 방법으로 만든다

4. 소잉의 기본 용어
알아두면 편리한 소잉용어들을 소개합니다.

· 패턴 그리기
원형제도의 한 방법으로, 직선, 직각 등을 안
내선이나 등분선 등을 기준으로 완성치수를
그대로 그리는 일을 말한다.

· 맞춤점(너치)
2장 이상의 천을 겹쳐 봉합할 때, 서로 뒤틀리지
않도록 맞춤 위치를 표시하는 기호.

· 봉합선
원단을 봉합하는 선으로 대부분 완성선과 같다.

· 완성선
완성했을 때 최종적으로 보여지는 선으로, 제
도할 때 긋는 선. 보통 두꺼운 실선으로 표현
한다. 마감선과 같다.

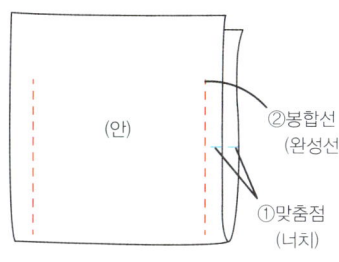

②봉합선
(완성선)
①맞춤점
(너치)

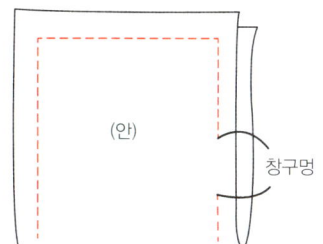

창구멍

· 창구멍
2장의 천을 겉과 겉이 서로 마주 보게 겹쳐
봉합할 때, 겉면으로 뒤집기 위해 위 그림과
같이 봉합하지 않고 남겨 놓는 부분을 말
한다. 가방 등 안감에 창구멍을 남겨 놓는
일이 많다.

· 샤링
작은 폭의 바느질로 만들어 낸 주름.

· 땀길이
봉합땀을 지칭하는 말로써, 주로 한 땀의
길이를 말하고 땀수라고도 한다.

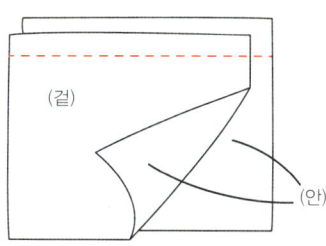

(겉)
(안)

· 안끼리 맞대어(마주 보게) 겹치기
2장의 천을 겹쳐 봉합할 때, 천의 겉면이
바깥쪽으로 드러나게 접거나 포개는 것을
말한다.

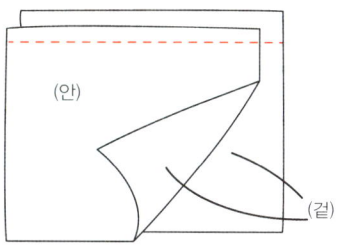

(안)
(겉)

· 겉끼리 맞대어(마주 보게) 겹치기
2장의 천의 겉면이 서로 맞닿게 접거나 포
개는 것을 말한다.

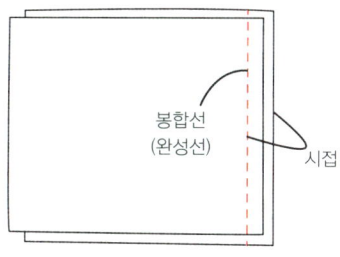

봉합선
(완성선)
시접

· 시접
2장의 천을 봉합하기 위해 완성선에서부터
여분으로 남겨 두는 부분을 말한다.

· 시침질
본 박음질 전에 완성선이 뒤틀리지 않도록
가봉하거나 시침핀을 꽂는 일.

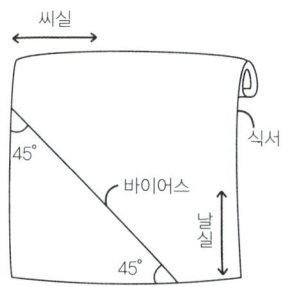

씨실
식서
45°
바이어스
날실
45°

· 바이어스
직물의 날실 방향과 대각선이 되도록 비스
듬히 자른 천을 말한다. 테이프 모양으로 잘라
사용하는 일이 많다.

· 날실(경사)
직물의 세로 방향으로 놓인 실.

· 씨실(위사)
직물의 가로 방향으로 놓인 실.

· 요척
작품을 제작할 때 필요한 최소한의 천의 폭과
길이. 천의 사용량을 칭하는 말.

· 접착심
천의 보강을 위해 다림질로 접착시키는 심지.

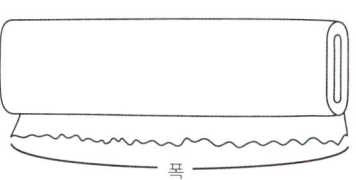

폭

· 천의 폭
직물의 짜여진 가로폭을 말하는 것으로, 원단의
끝부터 끝까지의 길이에 해당한다.

· 천의 결
날실과 씨실이 교차해서 만들어낸 천의 흐름.

5. 선세탁 하기(정련)

선세탁은 과거에 충분한 가공이 되지 않은 원단으로 옷을 완성할 경우, 세탁 후 심하게 줄어드는 현상을 예방하기 위해 하는 제작 공정이었습니다.
하지만 최근 생산되는 대부분의 원단은 충분한 가공이 되어 거의 수축되지 않으므로, 선세탁 없이 옷을 만들어도 괜찮습니다.

5-1. 면과 마의 선세탁

  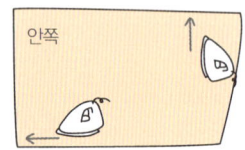

①충분한 양의 물에 원단을 1시간 정도 담가둔다

②원단을 가볍게 짜고, 주름을 펴서 말린다

③원단이 완전히 마르면 안쪽부터 바깥쪽으로 직조된 올방향을 따라 다림질한다

5-2. 울의 선세탁

  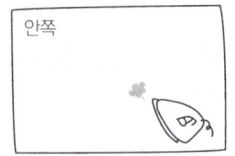

①원단의 안쪽에서 원단이 충분히 젖을 정도로 고르게 분무기로 물을 뿌린다

②천을 가지런히 접어서 비닐봉지 등에 넣고 습기가 잘 밸 때까지 1시간 정도 둔다

③천을 꺼내서 안쪽부터 바깥쪽으로 스팀을 주어 다림질을 해준다

6. 올 방향 바로잡기

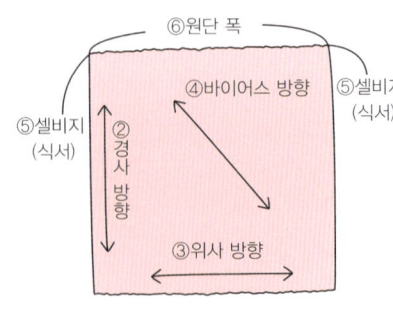

〈원단의 세부 명칭〉

· ①올 방향 : 원단의 씨실과 날실의 짜임을 말합니다.
· ②경사 방향 : 원단의 날실(세로실) 방향. 패턴의 올 방향을 나타내는 화살표는 세로 올 방향(식서 방향)을 나타냅니다.
· ③위사 방향 : 원단의 씨실(가로실) 방향. 푸서 방향이라고도 합니다. 세로 올 방향에 비해 원단이 잘 늘어납니다.
· ④바이어스 방향 : 원단의 45도 대각선 방향. 원단이 가장 잘 늘어나는 방향입니다.
· ⑤셀비지 : 원단의 가장자리 부분으로, 좌우의 양 끝을 가리키며 식서라고도 합니다. 촘촘하게 직조되어 있어 실의
    올 풀림이 없으며, 원단에 따라서 색상이 다르거나 제조사명이 프린트되어 있습니다.
· ⑥원단 폭 : 원단의 셀비지(식서)부터 반대쪽 셀비지(식서)까지의 길이를 말합니다.

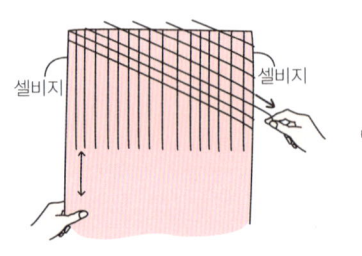 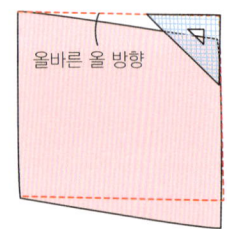 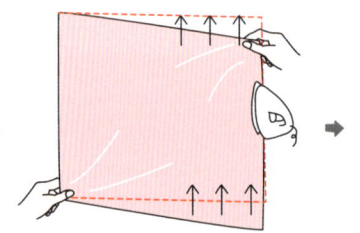 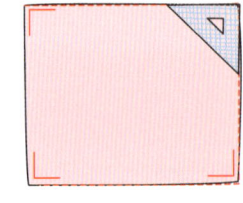

①씨실 한 가닥을 빼낸 다음, 씨실을 빼낸 선을 따라 원단의 가장자리를 잘라낸다

②원단의 모서리에 자를 대고 원단이 뒤틀리지 않는지 확인한다

③원단의 방향이 올바르게 되도록 양손으로 원단을 잡아당긴 후, 다림질하여 정리한다

④준비 완성

7. 제도 기호 보는 방법

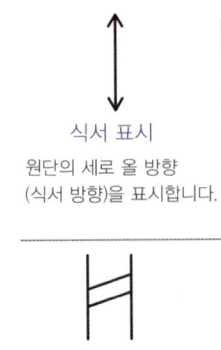	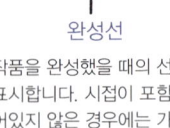				
식서 표시 원단의 세로 올 방향(식서 방향)을 표시합니다.	**완성선** 작품을 완성했을 때의 선을 표시합니다. 시접이 포함되어 있지 않은 경우에는 가장 바깥쪽에 있는 선이 완성선이 됩니다.	**골선** 원단을 반으로 접어 재단할 때, 원단의 접는선 부분에 맞추는 선입니다.	**접음선** 접는 위치를 표시한 선입니다.	**상침선** 장식효과와 더불어 형태를 안정시키는 선입니다.	**다트** 선과 선을 맞춰 봉합하여 형태를 입체적으로 만듭니다.
	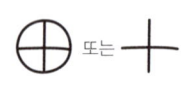	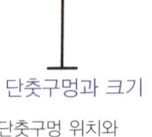	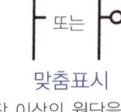		
턱 빗금의 높은 쪽에서 낮은 쪽으로 원단을 접어 주름을 만듭니다.	**단추와 크기** 단추 다는 위치와 크기를 나타냅니다.	**단춧구멍과 크기** 단춧구멍 위치와 크기를 나타냅니다.	**맞춤표시** 2장 이상의 원단을 서로 맞춰 봉합할 때, 원단이 어긋나지 않도록 맞추는 표시입니다.	**개더(주름)** 큰 땀으로 봉제하여 주름을 잡는 부분을 나타냅니다.	**오그리기** 오그려가며 줄여서 봉제하는 부분을 나타냅니다.

8. 패턴 베끼는 방법

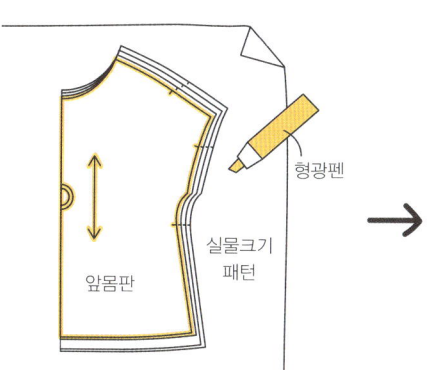 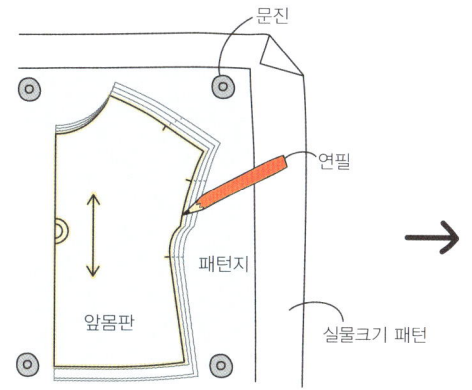 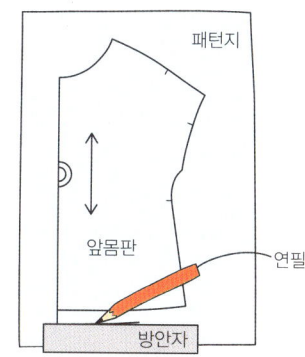

① 각 작품의 만드는 방법 페이지에 기재되어 있는 사용 패턴을 확인하고, 실물크기 패턴 용지(A~D면)를 펼친 후, 필요한 패턴 사이즈를 찾아 형광펜으로 선을 따라 그려준다

② 실물크기 패턴 위에 패턴지를 올려두고 문진으로 움직이지 않도록 고정한 후, 완성선, 맞춤점, 봉합 끝점, 올 방향선, 단추 다는 위치, 주머니 다는 위치 등 연필로 빠짐 없이 베낀다

③ 실물크기 패턴에는 시접이 포함되어 있지 않기 때문에, 재단배치도를 참고하여 패턴에 시접을 추가로 그려야 할 경우에는 방안자 등을 사용해 베낀 패턴지의 완성선에 맞춰서 평행하게 시접 선을 그려준다

8-1. 몸판 패턴에 목둘레, 어깨 시접 그리는 방법 Tip

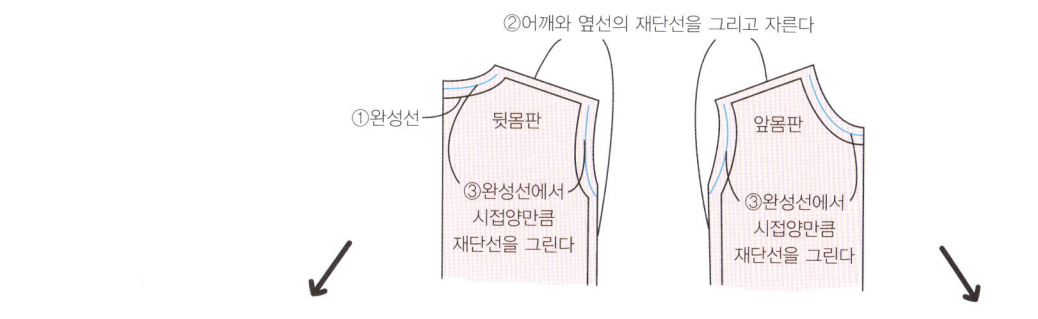

⟨시접을 뒷몸판쪽으로 넘기는 경우⟩   ⟨시접을 가름솔하는 경우⟩

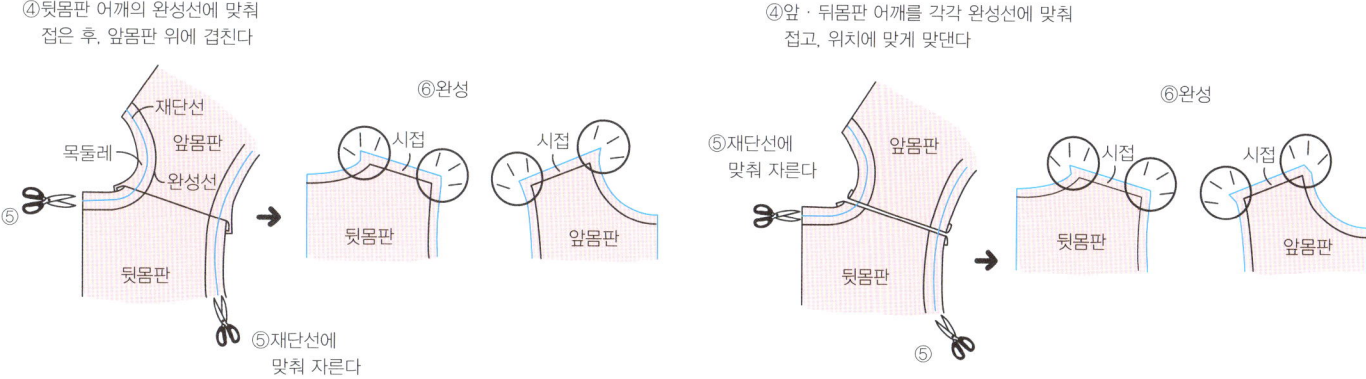

8-2. 소매 패턴에 소매 밑단 시접 그리는 방법 Tip

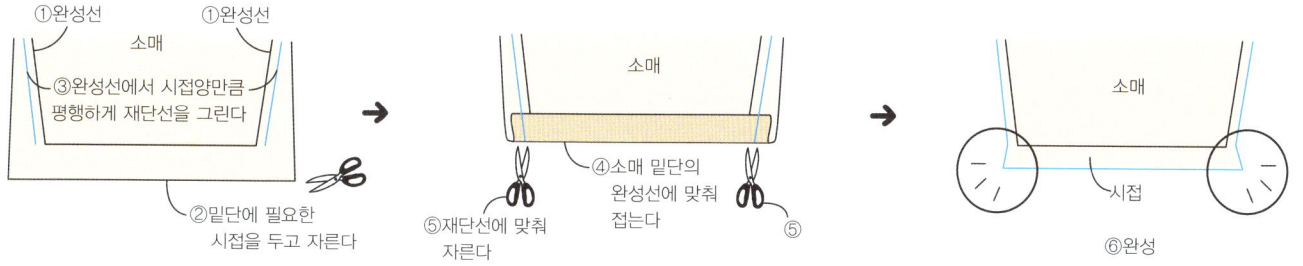

9. 재단하는 방법

▶ 패턴에 기재되어 있는 올 방향선을 원단의 식서 방향에 맞춰 재단배치도를 참고하여 배치합니다.

▶ 패턴이 움직이지 않도록 시침핀&문진으로 고정한 다음, 몸을 이동해가며 로터리칼이나 재단 가위로 재단합니다.

▶ 실물크기 패턴이 들어있지 않는 경우, 재단배치도의 치수를 참고하여 원단에 직접 제도하여 사용합니다.

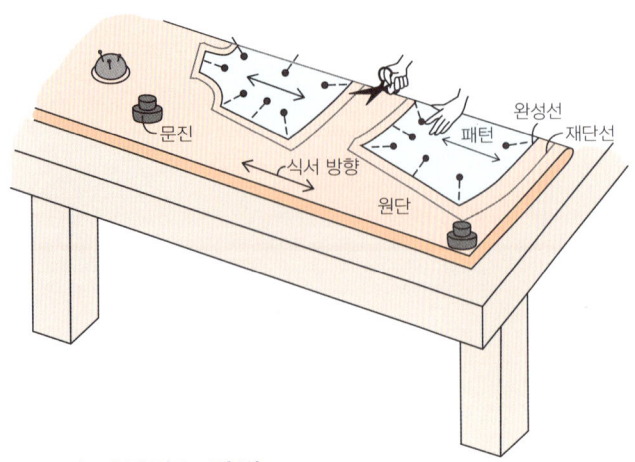

11. 원단 소요량 계산하는 방법

원단의 폭에 따라 필요한 길이도 다릅니다.
계산법에 맞춰 원단의 소요량을 미리 예상할 수 있습니다.

11-1. 계산법

원단 폭 \ 아이템	셔츠	팬츠
90~92cm	[몸판 길이+소매 길이] ×2+30cm	팬츠 길이×2+20cm
110~120cm	[몸판 길이×2+소매 길이]+30cm	팬츠 길이×2+20cm
140~180cm	몸판 길이+소매 길이+20cm	팬츠 길이+15cm (벨트를 다는 경우, 벨트 길이 +5cm)

10. 원단 종류에 따른 바늘과 실 고르는 방법

▶ 미싱 바늘과 미싱실은 원단의 종류에 맞춰 사용합니다.

▶ 미싱 바늘은 숫자가 커질수록 바늘의 굵기가 크며, 반대로, 미싱실은 숫자가 작을수록 실의 두께가 두껍습니다.

원단의 종류	미싱 바늘	미싱실
얇은 원단 (노방, 쉬폰, 코튼 론)	9호	파인 프라임실
보통 두께의 원단 (30~40수 코튼 리넨)	11호	프라임실
조금 두꺼운 원단 (20수 옥스포드)	14호	프라임실
두꺼운 원단 (데님, 18호 캔버스)	16호	스티치 프라임실

11-2. 패턴 배치 및 요척 계산법 (1/10축도법)

재단 전 사용할 원단을 넉넉히 준비하면 좋으나, 애매하게 남는 경우에는 낭비가 될 수 있습니다.
또한, 적절히 준비한 원단은 패턴의 배치에 따라 원단이 부족할 수 있으므로 미리 원단에 배치해 본 후 재단합니다.
그러므로 한 눈에 배치하기 쉽도록 1/10축도법을 사용하여 패턴을 미리 배치한 후 원단을 재단합니다.

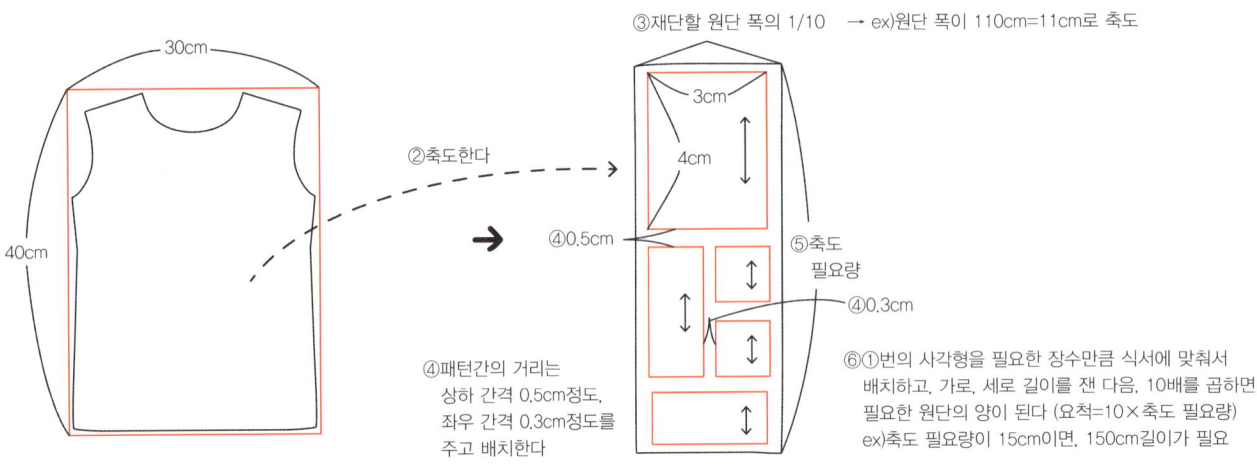

① 패턴을 각각 가장 긴 가로, 세로 길이의 1/10사이즈로 사각형을 그린다
ex)실측 30cm×40cm=3cm×4cm로 준비

② 축도한다

③ 재단할 원단 폭의 1/10 → ex)원단 폭이 110cm=11cm로 축도

④ 패턴간의 거리는 상하 간격 0.5cm정도, 좌우 간격 0.3cm정도를 주고 배치한다

⑤ 축도 필요량

⑥ ①번의 사각형을 필요한 장수만큼 식서에 맞춰서 배치하고, 가로, 세로 길이를 잰 다음, 10배를 곱하면 필요한 원단의 양이 된다 (요척=10×축도 필요량)
ex)축도 필요량이 15cm이면, 150cm길이가 필요

12. 솔기 처리 방법

12-1. 가름솔 처리 방법　시접이 한쪽으로 뭉치지 않고 겉에서 봤을 때 평평하도록 양쪽으로 펼쳐 다려주는 방법입니다.

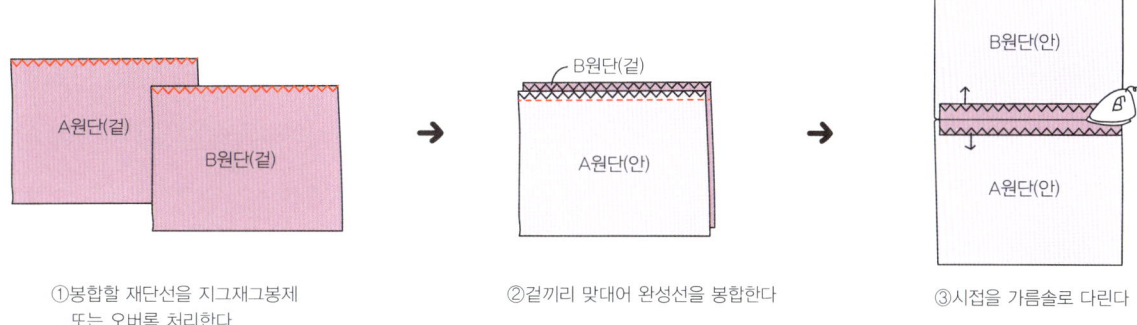

①봉합할 재단선을 지그재그봉제
　또는 오버록 처리한다

②겉끼리 맞대어 완성선을 봉합한다

③시접을 가름솔로 다린다

12-2. 시접을 한쪽으로 꺾는 방법　세탁 후에도 안정적으로 깔끔하게 정리하는 방법입니다.

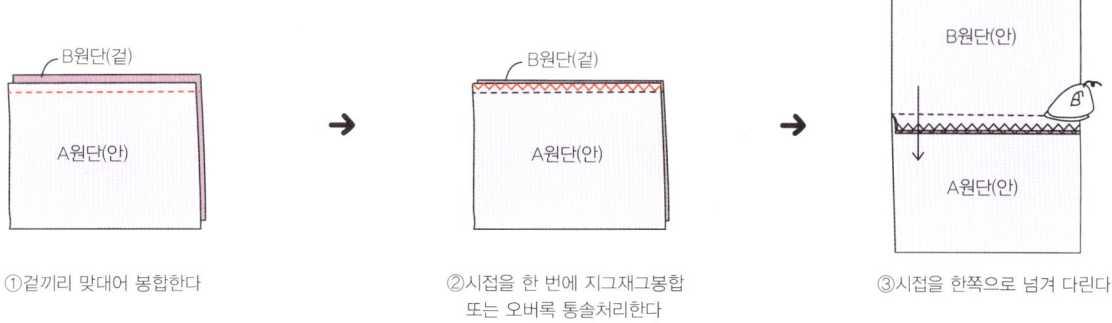

①겉끼리 맞대어 봉합한다

②시접을 한 번에 지그재그봉합
　또는 오버록 통솔처리한다

③시접을 한쪽으로 넘겨 다린다

13. 끝단이나 밑단의 시접 처리 방법

몸판이나 소매의 밑단에 많이 사용하는 시접 처리 방법입니다. 상침하기 전에 미리 다림질 해두면 작업하기 훨씬 수월해집니다.

13-1. 같은 양의 시접을 두 번 접어 상침하는 방법

①시접을 0.5cm 접어 다린다

②다시 한 번 시접을 0.5cm 접어 다린 뒤
　0.2cm 간격으로 상침한다

13-2. 지정 치수의 시접을 두 번 접어 상침하는 방법

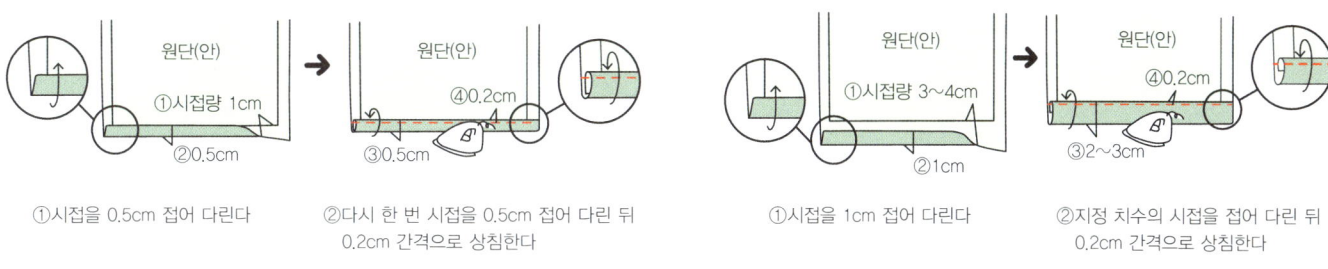

①시접을 1cm 접어 다린다

②지정 치수의 시접을 접어 다린 뒤
　0.2cm 간격으로 상침한다

13-3. 시접 끝을 한 번 접어 상침하는 방법

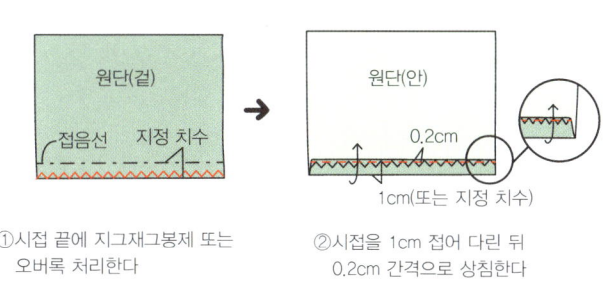

①시접 끝에 지그재그봉제 또는
　오버록 처리한다

②시접을 1cm 접어 다린 뒤
　0.2cm 간격으로 상침한다

13-4. 새발뜨기 (손바느질)

단을 접었을 때 가장자리를 고정시키는 바느질 방법입니다. 주로 두꺼운 원단에 많이 사용하며, 바늘땀이 겉에서 나타나지 않도록 하는 것이 좋습니다.

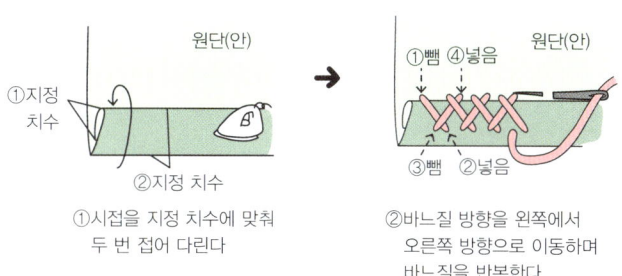

①시접을 지정 치수에 맞춰
　두 번 접어 다린다

②바느질 방향을 왼쪽에서
　오른쪽 방향으로 이동하며
　바느질을 반복한다

13-5. 미싱을 사용하여 단뜨기하는 방법

미싱의 기능 중, 감침질 노루발을 사용합니다. 미싱이 없을 경우에는 새발뜨기(손바느질)로 대체할 수 있습니다.

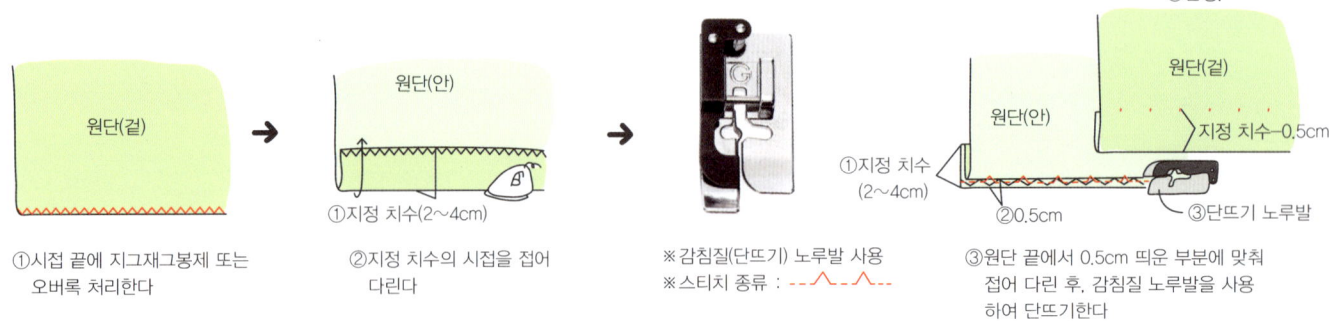

①시접 끝에 지그재그봉제 또는 오버록 처리한다

②지정 치수의 시접을 접어 다린다

※감침질(단뜨기) 노루발 사용
※스티치 종류 : --∧--∧--

④완성!

③원단 끝에서 0.5cm 띄운 부분에 맞춰 접어 다린 후, 감침질 노루발을 사용 하여 단뜨기한다

14. 접착심 붙이기

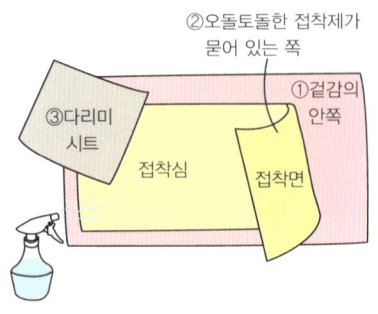

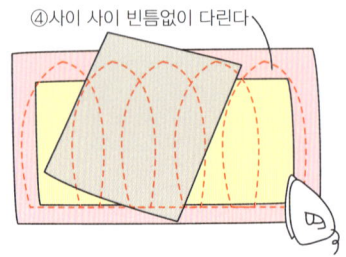

②오돌토돌한 접착제가 묻어 있는 쪽
①겉감의 안쪽
③다리미 시트
접착심
접착면
④사이 사이 빈틈없이 다린다

〈접착심 붙이는 방법〉

접착심의 접착면을 겉감 원단의 안쪽에 닿도록 올린다. 이때, 겉감과 접착심 사이에 실오라기나 먼지 등이 들어가지 않도록 주의하며, 다리미 시트를 대고 꾹꾹 눌러 다림질한다. 문지르지 않도록 주의하며 얼룩이 생기지 않도록 균일하게 눌러 준다. 다림질이 끝난 후, 열이 다 식기 전에는 천을 움직이지 않도록 한다.

〈주의〉

심지의 소재는 다양하다. 사용하는 소재가 합성섬유일 경우, 다리미의 온도를 소재에 맞게 맞춘 후 예열하고 사용한다. 특히, 다리미에 접착풀이 묻지 않도록 항상 주의한다.

15. 소잉테이프 심지 종류와 부착 방법

15-1. 식서 방향 테이프 심지 ①

주로, 직기 원단에 사용하며 늘어나면 안되는 직선 부분에 부착하여 사용한다.

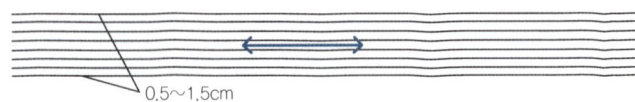

0.5~1.5cm

15-2. 지퍼전용 테이프 심지 ②

1.8cm폭의 심지이며, 지퍼 다는 부분에 늘어남을 방지하기 위해 부착한다. 시접량보다 폭이 넓기 때문에 지퍼 봉제선까지 부착되어 안정감있게 봉제할 수 있다.

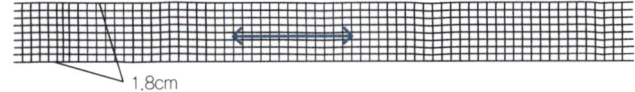

1.8cm

15-3. 바이어스 방향 테이프 심지 ③

주로, 다이마루 원단과 곡선 부위에 사용되며 늘어남을 방지하기 위해 몸판의 암홀이나 목둘레 등 곡선에 부착하여 사용한다.

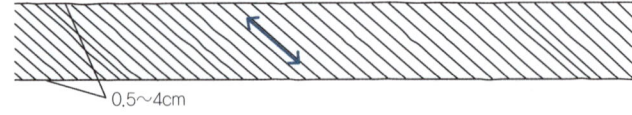

0.5~4cm

15-4. 소잉테이프 심지 ④

바이어스 방향 테이프 심지와 얇은 폭의 식서 방향 테이프 심지가 함께 두겹으로 되어있어 직선과 곡선 어떤 부분에도 사용할 수 있다.

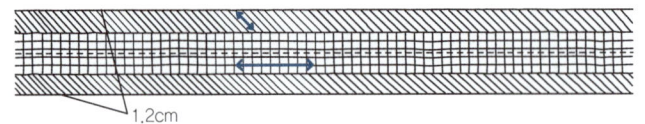

1.2cm

15-5. 소잉테이프 심지 붙이기

※아래의 번호는 좌측 「소잉테이프 심지 종류」 의 번호입니다.

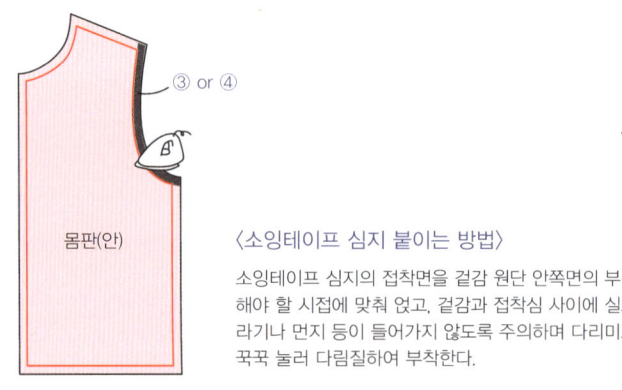

③ or ④
몸판(안)

〈소잉테이프 심지 붙이는 방법〉

소잉테이프 심지의 접착면을 겉감 원단 안쪽면의 부착 해야 할 시접에 맞춰 얹고, 겉감과 접착심 사이에 실오 라기나 먼지 등이 들어가지 않도록 주의하며 다리미로 꾹꾹 눌러 다림질하여 부착한다.

15-6. 아우터(재킷, 코트) 몸판의 테이프 심지 부착 위치와 사용 종류

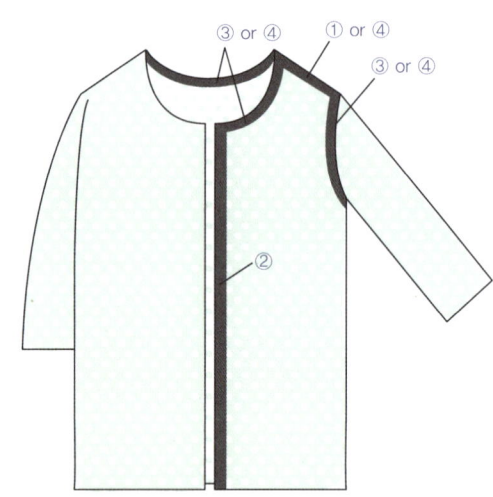

③ or ④
① or ④
③ or ④
②

16. 바이어스 길게 만들기

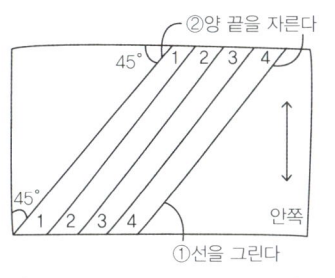
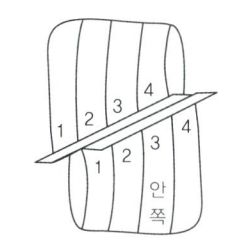
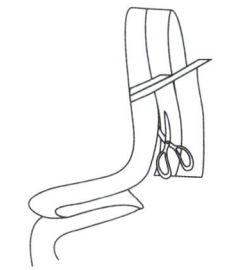

①45도 각도로 필요한 만큼 천에 선을
그은 후, 양 끝을 자른다

②선이 한 줄씩 밀리도록 맞춰
봉합한 후, 시접을 가름솔한다

③선을 따라 자르면 긴 바이어스
테이프가 완성된다

17. 바이어스 만드는 방법과 달기

17-1. 바이어스 만들기

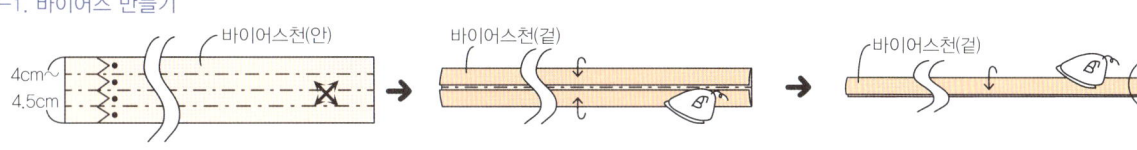

①4cm~4.5cm 폭의 바이어스천을 준비한다

②접음선을 기준으로 위·아래를 접는다

③반으로 접는다

17-2. 바이어스 달기

바이어스 달기 A

4겹의 바이어스테이프를 몸판에 바로 감싸서 박음질하는 방법.
(바이어스 처리하는 면이 직선인 경우)

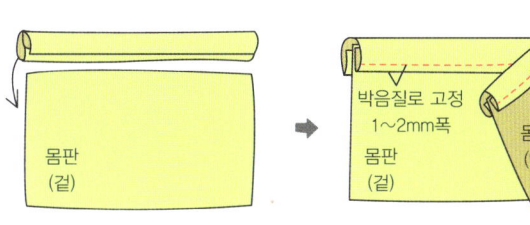

①4겹의 바이어스로 원단의 끝을 감싼
후 시침핀을 이용해서 고정한다

②겉쪽의 바이어스 끝에서 1~2mm
떨어진 곳을 박음질로 고정한다

바이어스 달기 B

바이어스테이프를 몸판에 봉합한 후, 뒤집어서 상침하는 방법.
(바이어스 처리하는 면이 곡선인 경우)

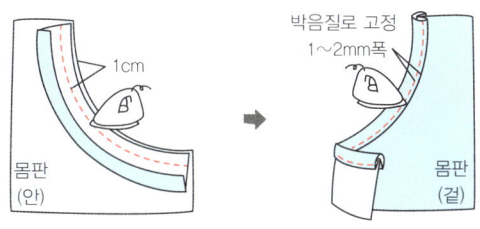

①몸판의 안쪽에서 1cm의 시접
으로 바이어스를 고정한다

②바이어스로 원단의 시접을 감싸고
겉쪽의 바이어스 끝에서 1~2mm
떨어진 곳을 박음질로 봉합한다

18. 안바이어스 만드는 방법과 달기

18-1. 안바이어스 만들기

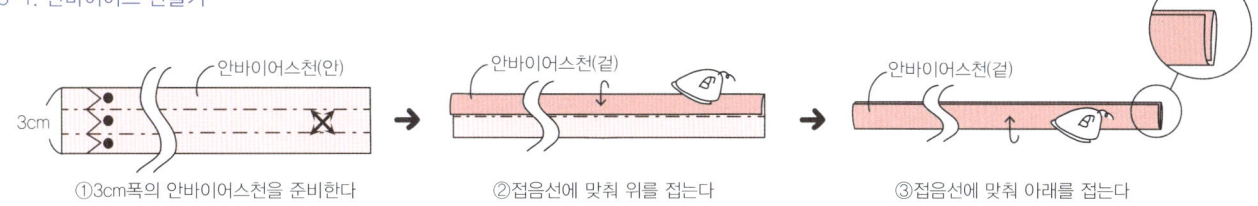

①3cm폭의 안바이어스천을 준비한다

②접음선에 맞춰 위를 접는다

③접음선에 맞춰 아래를 접는다

18-2. 안바이어스 달기

2겹의 바이어스를 몸판과 함께 접어 몸판의 안쪽에서 박음질로 고정하는 방법.
(네크라인, 암홀 등 곡선이 큰 경우나 바이어스 안쪽에 끈 등을 넣어 셔링을 만들 경우)

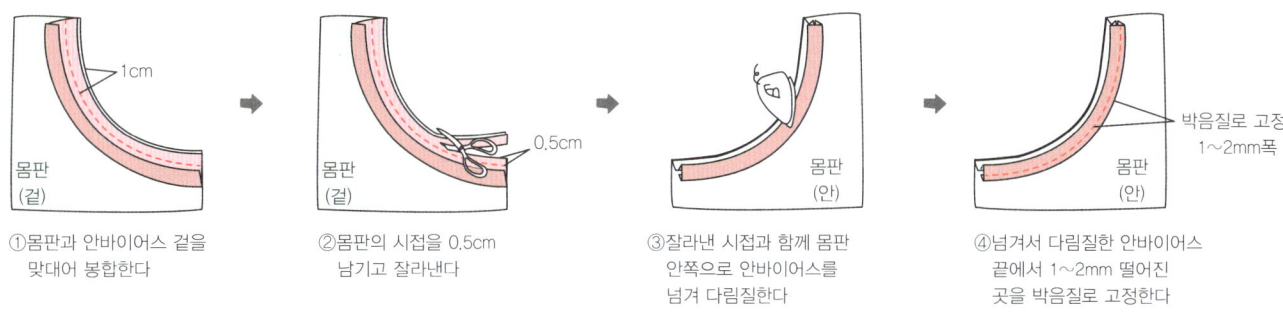

①몸판과 안바이어스 겉을
맞대어 봉합한다

②몸판의 시접을 0.5cm
남기고 잘라낸다

③잘라낸 시접과 함께 몸판
안쪽으로 안바이어스를
넘겨 다림질한다

④넘겨서 다림질한 안바이어스
끝에서 1~2mm 떨어진
곳을 박음질로 고정한다

19. 주름 잡는 방법

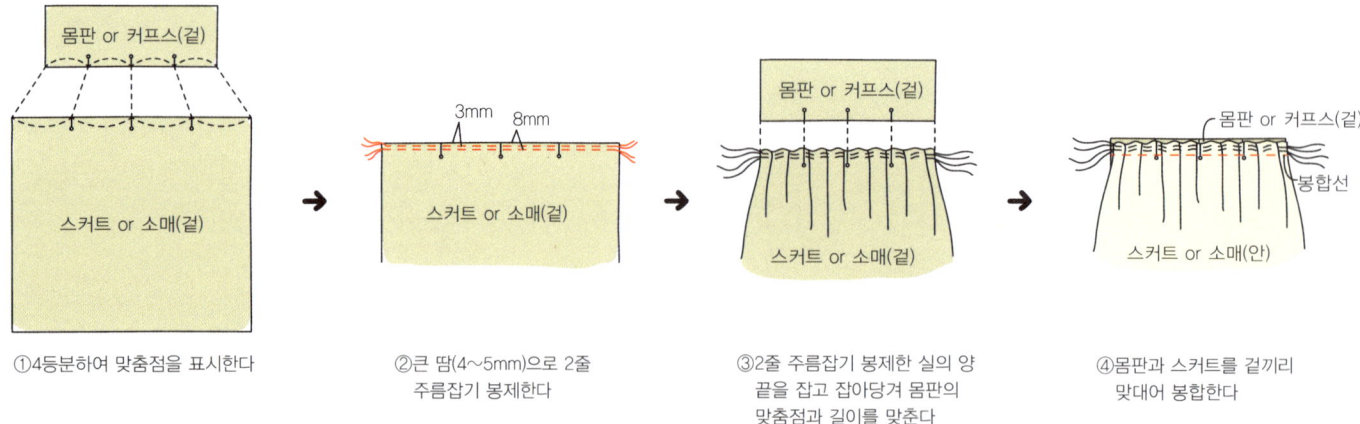

①4등분하여 맞춤점을 표시한다

②큰 땀(4~5mm)으로 2줄 주름잡기 봉제한다

③2줄 주름잡기 봉제한 실의 양 끝을 잡고 잡아당겨 몸판의 맞춤점과 길이를 맞춘다

④몸판과 스커트를 겉끼리 맞대어 봉합한다

20. 턱 표시와 접는 방법   빗금의 높은 쪽에서 낮은 쪽으로 원단을 접는다

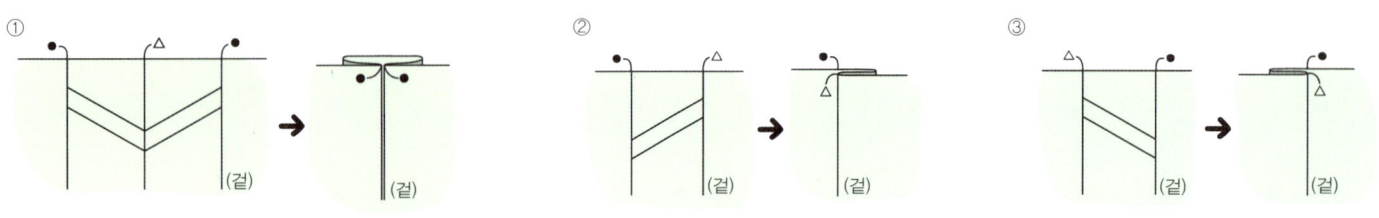

21. 실루프 만드는 방법

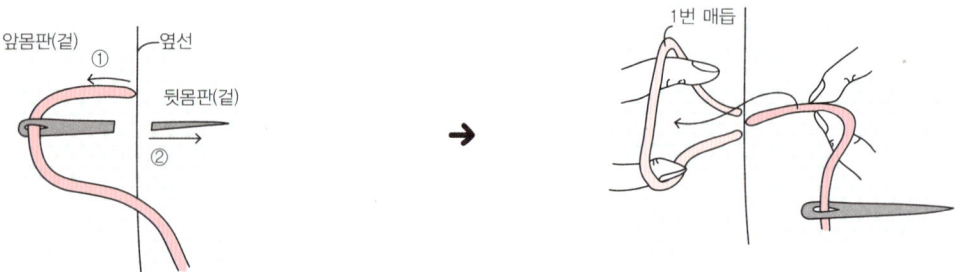

①실 끝에 매듭을 짓고 원단 안쪽에서 겉으로 바늘을 빼준다

②실이 나온 옆쪽으로 다시 바늘을 빼내어 삼각형 모양이 되도록 만들어준다

③왼손 엄지와 검지를 이용해 고리를 만들고 오른손으로 겉으로 빼낸 실을 잡는다

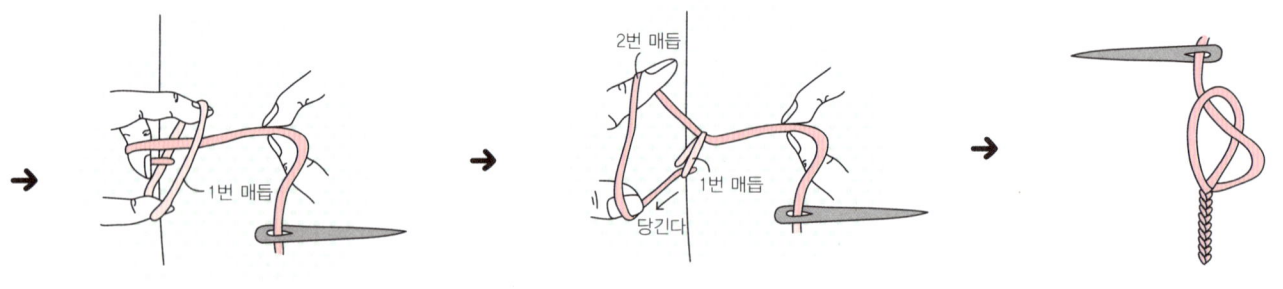

④왼손 중지를 이용해 고리 사이로 실을 당긴다

⑤엄지와 중지로 만든 고리를 놓고, 당긴 실로 다시 고리를 만든 후 원하는 길이가 될 때까지 ③~⑤과정을 반복한다

⑥원하는 길이가 되면 마지막 고리 안으로 바늘을 넣어 실을 잡아 당기고, 몸판 안으로 바늘을 통과시켜 고정시킨 후 마무리한다

22. 단추 달기와 단춧구멍 위치 정하기

22-1. 단추 위치 정하기

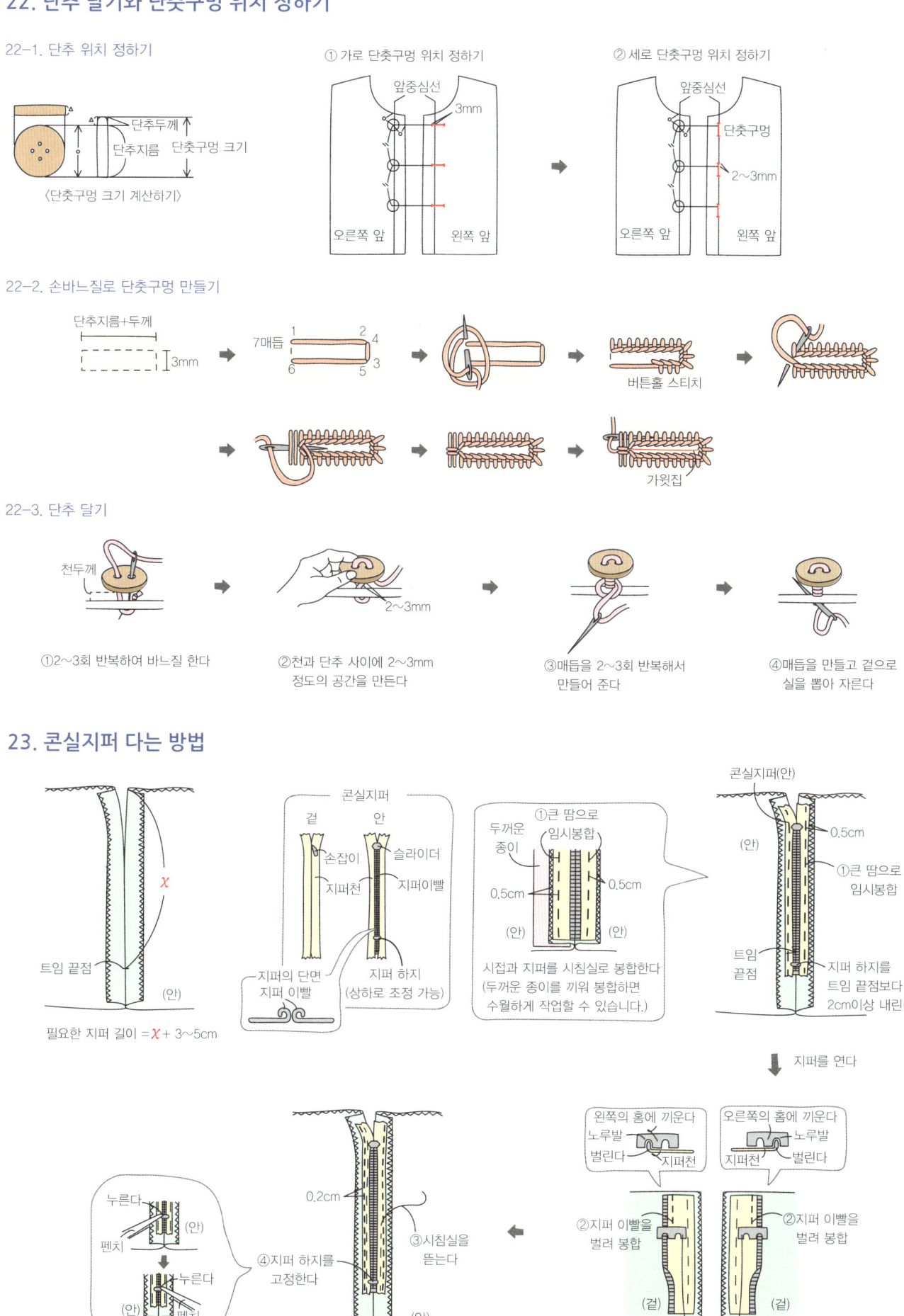

〈단춧구멍 크기 계산하기〉

단추두께
단추지름
단춧구멍 크기

① 가로 단춧구멍 위치 정하기

앞중심선
3mm
오른쪽 앞
왼쪽 앞

② 세로 단춧구멍 위치 정하기

앞중심선
단춧구멍
2~3mm
오른쪽 앞
왼쪽 앞

22-2. 손바느질로 단춧구멍 만들기

단추지름+두께
3mm

7매듭
1 2 4
6 5 3

버튼홀 스티치

가윗집

22-3. 단추 달기

천두께

①2~3회 반복하여 바느질 한다

②천과 단추 사이에 2~3mm 정도의 공간을 만든다

③매듭을 2~3회 반복해서 만들어 준다

④매듭을 만들고 겉으로 실을 뽑아 자른다

23. 콘실지퍼 다는 방법

X

트임 끝점

(안)

필요한 지퍼 길이 = X + 3~5cm

콘실지퍼

겉 안
손잡이 슬라이더
지퍼천 지퍼이빨

지퍼의 단면 지퍼 이빨
지퍼 하지 (상하로 조정 가능)

①큰 땀으로 임시봉합
두꺼운 종이
0.5cm
0.5cm
(안) (안)

시접과 지퍼를 시침실로 봉합한다
(두꺼운 종이를 끼워 봉합하면 수월하게 작업할 수 있습니다.)

콘실지퍼(안)
0.5cm
(안)
①큰 땀으로 임시봉합
트임 끝점
지퍼 하지를 트임 끝점보다 2cm이상 내린다

지퍼를 연다

누른다
펜치
(안)
누른다
(안)
펜치

④지퍼 하지를 고정한다

0.2cm
③시침실을 뜯는다
(안)

왼쪽의 홈에 끼운다
노루발
벌린다
지퍼천

오른쪽의 홈에 끼운다
지퍼천
노루발
벌린다

②지퍼 이빨을 벌려 봉합
(겉)

②지퍼 이빨을 벌려 봉합
(겉)

콘실지퍼용 노루발

24. 기본 손바느질

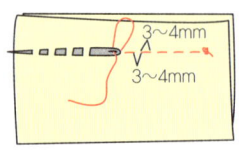 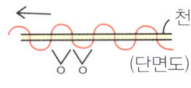 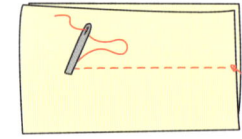 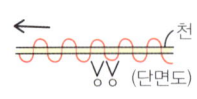 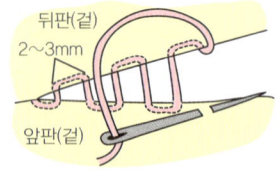

24-1. 시침질
손바느질의 가장 기본이 되는 바느질법. 3~4mm 정도의 바늘땀으로 겉과 안이 같은 간격으로 봉합되도록 한다. 이불과 같은 큰 옷감의 재봉 시 미리 고정해 두기 위해 시침핀 대신 사용하기도 하고, 옷을 가봉할 때 사용하기도 한다.

24-2. 홈질
시침질의 바늘땀보다 좀 더 좁게 하는 바느질 방법. 겉과 안의 바늘땀을 2mm 정도로 촘촘하게 바느질 한다. 박음질보다는 약하지만 간단한 재봉을 하거나 주름을 잡을 때 많이 사용한다.

24-3. 공그르기
창구멍을 막거나 겉쪽에서 원단과 원단을 연결할 때 사용한다.

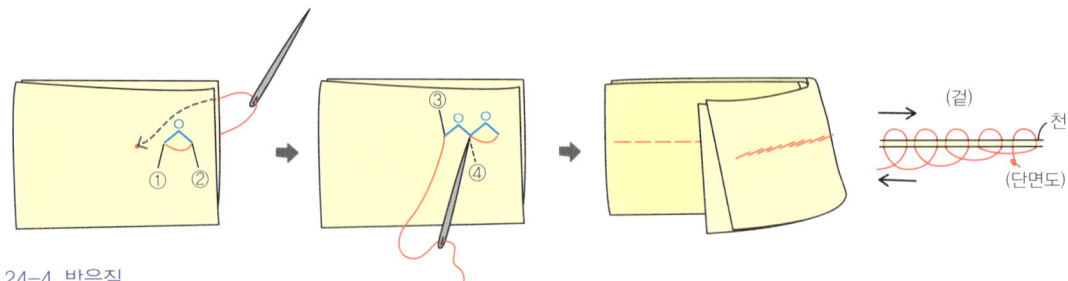

24-4. 박음질
손바느질 중 가장 튼튼한 바느질 방법으로, 한 땀씩 되돌아가는 방법으로 진행한다. 천의 겉모습은 미싱의 바늘땀과 비슷하게 보인다.

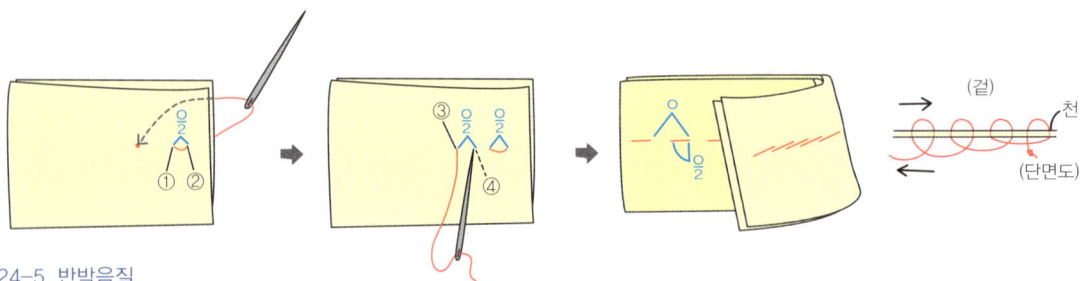

24-5. 반박음질
박음질과 같이 되돌아가며 진행하지만, 진행 폭의 절반만 되돌아오는 방법. 겉에서 보기에는 홈질과 비슷하게 보인다.

25. 기본 손자수 기법

25-1. 기본 자수 기법

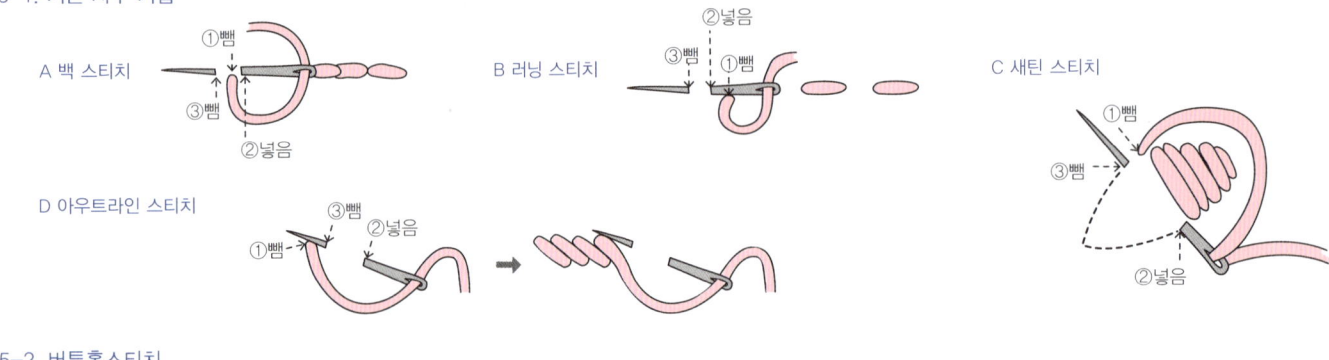

25-2. 버튼홀스티치

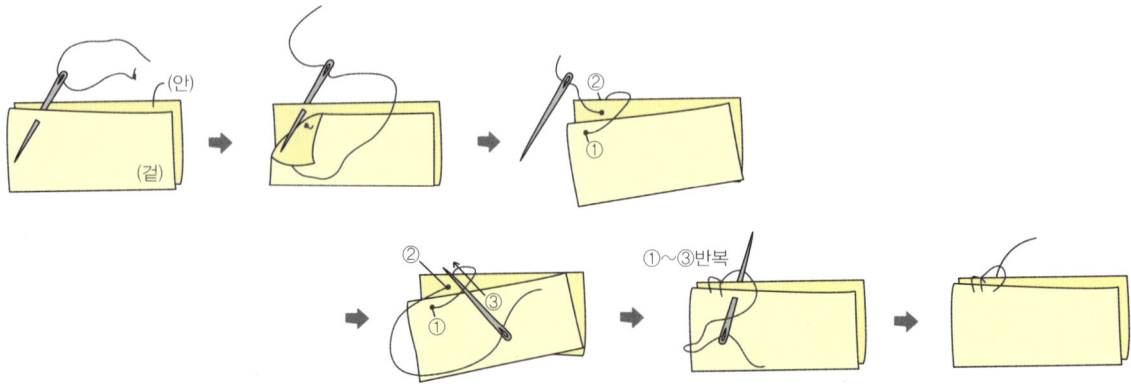

26. 금속단추 및 부속 달기

26-1. 양면징

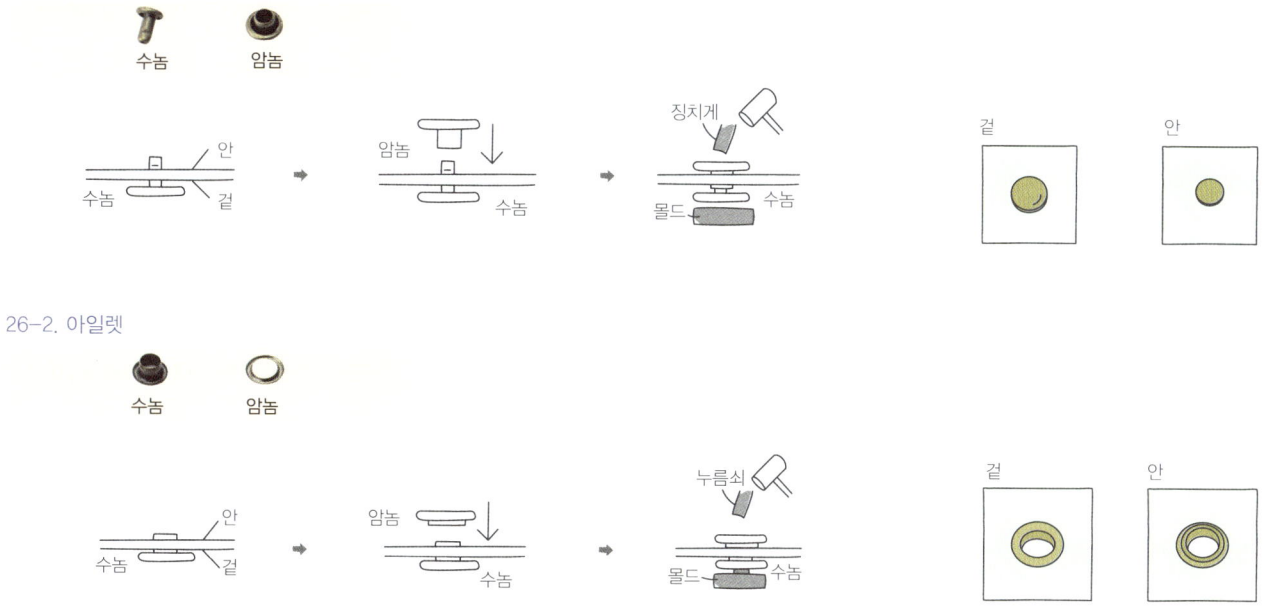

수놈　암놈

안
수놈　겉

암놈
수놈

징치게
몰드　수놈

겉　안

26-2. 아일렛

수놈　암놈

안
수놈　겉

암놈
수놈

누름쇠
몰드　수놈

겉　안

27. 지퍼 길이 조정하는 방법

지퍼 길이는 만드는 작품에 맞춰서 직접 잘라서 사용해야 할 수도 있습니다. 그 방법에 대해 알아봅시다.

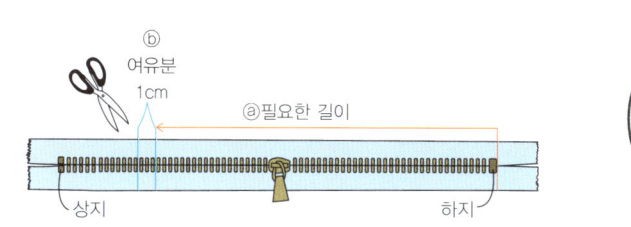

ⓑ 여유분 1cm
ⓐ필요한 길이
상지
하지

①하지에서부터 필요한 길이에서 추가로, 상지쪽 여유분 1cm를 고려한 길이만큼 지퍼를 잘라 준비합니다.

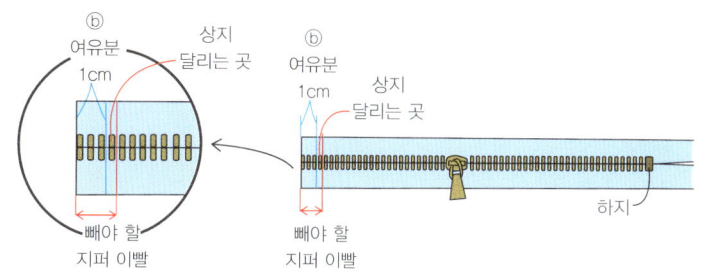

ⓑ 여유분 1cm
상지 달리는 곳
ⓑ 여유분 1cm
상지 달리는 곳
하지
빼야 할 지퍼 이빨
빼야 할 지퍼 이빨

②여유분에서부터 상지 달리는 곳 까지 포함하여 지퍼 이빨을 빼내줍니다. 흠집이 나지 않도록 주의합니다.

③니퍼를 사용하여 지퍼 상단에 따로 준비한 지퍼 상지를 끼우고 살짝 집어 임시고정합니다.

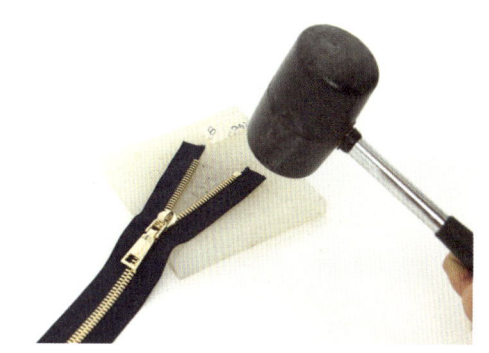

④편칭보드 위에 지퍼 상지를 망치로 두드려 고정시킵니다.

Basic Subsidiary Materials

1. 제도용품

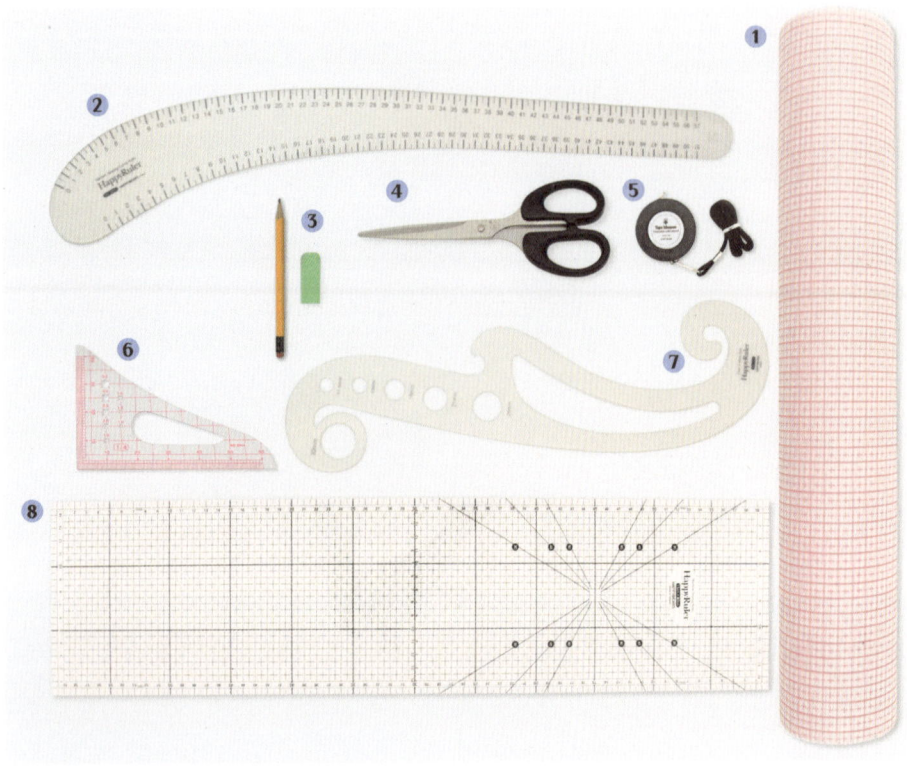

1 패턴지 모눈 처리가 되어있어 작업이 용이하고, 잘 비쳐 보입니다. 패턴을 복사하기 쉬운 부직포 패턴지를 사용하면 좋습니다.

2 곡자 한쪽 끝이 곡을 이루고 있는 자로 스커트 옆선, 소매 옆선, 절개선, 다트 곡선 등을 그리는데 주로 사용합니다.

3 연필&지우개 패턴지에 패턴을 그릴 때 사용합니다.

4 종이가위 패턴(종이나 부직포)을 자를 때 사용하는 가위로, 재단가위로 종이를 오리면 가위의 날이 상할 수 있으므로 가위는 반드시 패턴 재단용과 원단 재단용을 구분하여 사용합니다.

5 줄자 신체치수를 측정하거나 곡선의 치수를 잴 때 사용합니다.

6 축도자 실 사이즈의 패턴을 1/4 또는 1/5로 축도하여 자료를 남기고자 할 때 사용합니다.

7 S자 S 모양의 자로 소매산, 진동 둘레 등 거의 모든 기본 곡선을 그릴 수 있으며, 사이즈별 원 모양이 있어 단추 표시를 하기 좋습니다.

8 직각&컷팅자 정확한 직각이 제도작업을 원활하게 합니다. 넓은 폭이 작업물의 뒤틀림 현상을 없애주어 원단 컷팅 작업에도 사용됩니다.

2. 재단용품

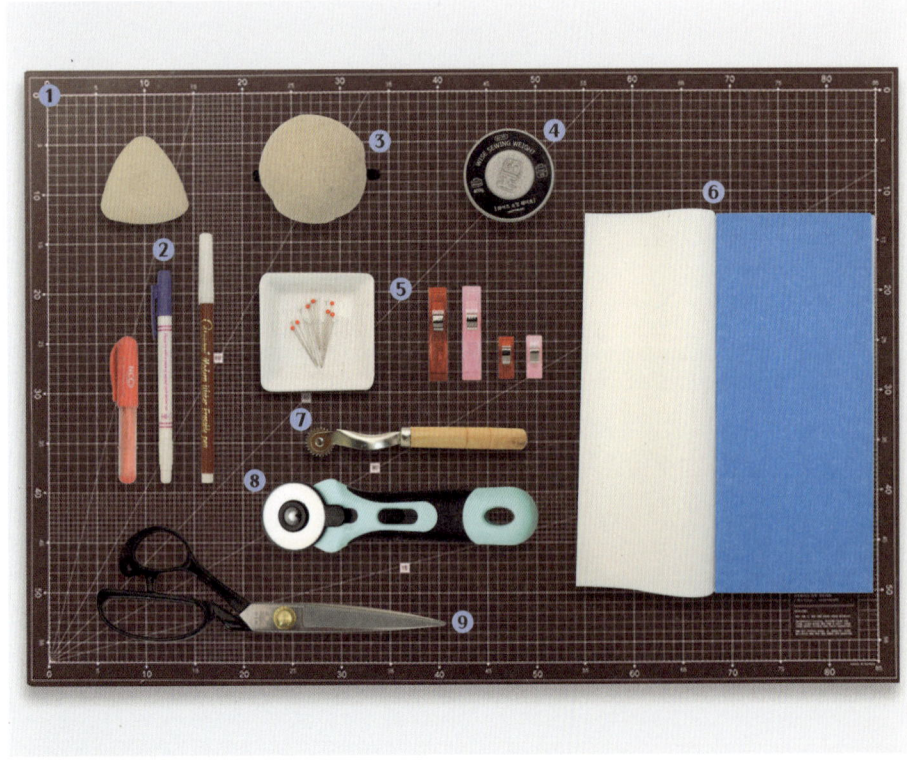

1 컷팅매트 재단칼로 원단을 재단할 때 함께 사용하면 재단칼의 날이 손상되지 않고, 원단이 깔끔하게 재단됩니다.

2 초크 원단에 마름선을 표시하거나 수정할 때 사용합니다. 고체형, 샤프형, 펜형이 있으니 용도에 맞게 골라 사용하세요.

3 핀쿠션 자주 사용하는 시침핀, 바늘 등을 적당량 꽂아두고 필요할 때 바로 사용하세요.

4 문진 원단과 패턴이 서로 뒤틀리지 않도록 묵직하게 고정해주는 누름쇠입니다.

5 시침핀&집게 시침핀은 옷감을 고정하거나 입체 재단 시 사용합니다. 구슬핀, 실크핀 등 용도에 따라서 사용하세요. 핀 작업이 어려운 니트 원단에는 집게를 사용하면 좋습니다.

6 초크페이퍼 패턴을 원단에 마름질할 때 초크 대신 사용할 수 있는 도구로, 페이퍼를 원단 아래 놓고 위에서 룰렛으로 굴려주면 원단에 완성선이 표시됩니다.

7 룰렛 톱니를 굴려 원단에 마킹합니다. 초크페이퍼와 함께 사용하세요. 톱니형과 원반형으로 두 가지 타입이 있습니다. 원반형은 헤라로도 사용 가능합니다.

8 재단칼 재단가위 대신 원단을 재단할 때 사용하며, 여러 겹의 원단을 한 번에 컷팅할 수 있어 편리합니다. 컷팅매트와 함께 사용하세요.

9 재단가위 원단 재단에 사용하는 전용가위로 자신의 손에 맞는 크기의 가위를 사용하는 것이 좋습니다. 왼손용, 오른손용으로 두 가지 타입이 있습니다.

3. 봉제용품

1 뒤집개 & 끼우개 원단으로 리본 등을 만들 때 좁은 폭의 원단을 쉽게 뒤집을 수 있고, 작품에 고무줄이나 끈을 끼워 넣을 때 편리하게 작업할 수 있습니다.

2 손바늘 작품의 마무리 또는 장식 작업 시 자주 사용되므로 사이즈별로 준비해두세요.

3 직물전용 본드풀 & 매직테이프 시침핀을 꽂기 힘든 곳, 지퍼 및 시접 등 임시고정이 필요한 부분에 사용하면 원단의 밀림 없이 봉제를 편하게 할 수 있습니다. 수용성 재질로 세탁 후 완전히 제거됩니다.

4 손바느질용 봉제실 기본적으로 가장 많이 사용되는 색상은 휴대가 편리한 소형 사이즈로 준비해두고 간편하게 사용하세요.

5 골무 손바느질을 할 때 손가락 끝을 보호해주어 작업의 능률을 높입니다. 가죽, 금속, 고무 등 다양한 재질이 있으니 용도에 맞게 골라 사용하세요.

6 쪽가위 작업 중 가장 많이 사용되는 가위로, 깔끔한 마무리 작업을 위해 꼭 필요합니다.

7 실뜯개 봉제가 잘못되어 바늘땀을 뜯어야 할 때나, 단춧구멍을 자를 때 유용하게 사용됩니다.

8 아이론시접자 정확한 치수체크와 함께 다림질로 손쉽게 시접부분을 만들 수 있도록 도와주는 열에 강한 시접자입니다.

4. 미싱용품

1 미싱바늘 공업용과 가정용을 잘 구분하여 사용해야 합니다. 원단의 소재와 두께에 따라 9/11/14/16/18호의 바늘을 맞춰 사용하세요. 니트원단에는 니트용 바늘을 사용하세요.

2 드라이버 노루발과 미싱바늘을 교체할 때 사용합니다.

3 크리닝브러시 봉제 후 미싱에 쌓인 먼지를 청소할 때 사용하는 미싱 청소용 브러시입니다.

4 핀셋 일반 미싱이나 오버록에 실을 끼울 때나, 미싱의 세밀한 곳을 작업할 때 사용합니다.

5 미싱기름 미싱의 소음이나 마찰을 완화시켜 줍니다.

6 미싱용 봉제실 원단의 소재와 두께 및 작업 용도에 맞게 골라 사용합니다.

7 북집(보빈케이스) 공업용과 가정용을 잘 구분하여 사용해야 합니다. 북집이 필요 없는 미싱 기종도 있으니 확인 후 사용하세요.

8 북알(보빈)&북알케이스 북알은 공업용과 가정용을 잘 구분하여 사용해야 하며, 밑실은 윗실 컬러에 맞춰 바로 사용할 수 있도록 다양하게 감아서 준비해두면 좋습니다. 북알케이스에 보관하면 편리합니다.

No.16 면바지

Page 30 / Pattern C, D면 C-5

[완성사이즈]

사이즈 명칭	95	100	105	110
허리둘레	75	80	85	91
옷길이	101	102	104	105

[재료]
· 겉감 150cm×225cm
· 주머니 안감 110cm×75cm
· 소잉심지 55cm×135cm
· 1.2cm폭 소잉테이프 심지 1팩
· 23cm길이 바지 지퍼 1개
· 1.5cm폭 단추 1개

[재단배치도]
· 지정 이외의 시접은 1cm
· ■■■ 부분에 소잉심지를 붙인다
· ▨▨ 부분에 소잉테이프 심지를 붙인다
· ∿∿ 표시된 부분은 지그재그봉제 또는 오버록 처리한다
· 벨트 고리감은 직접 제도하여 사용합니다.

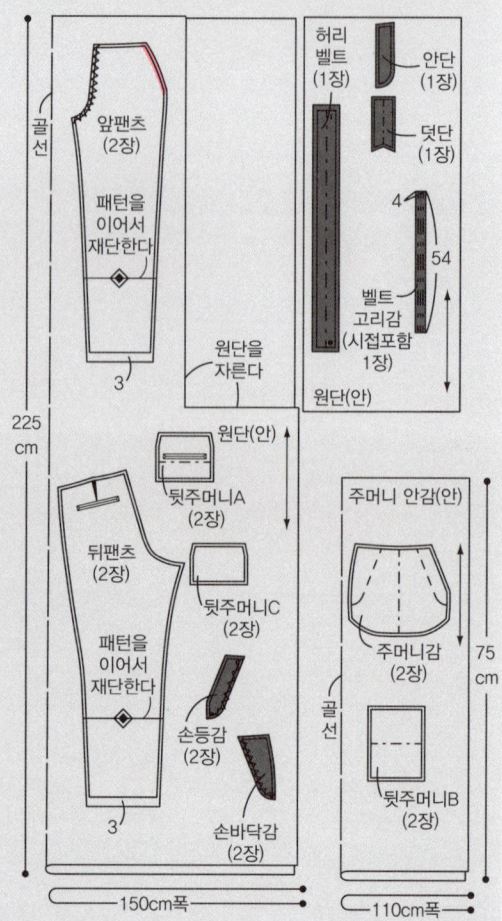

[만드는 순서]

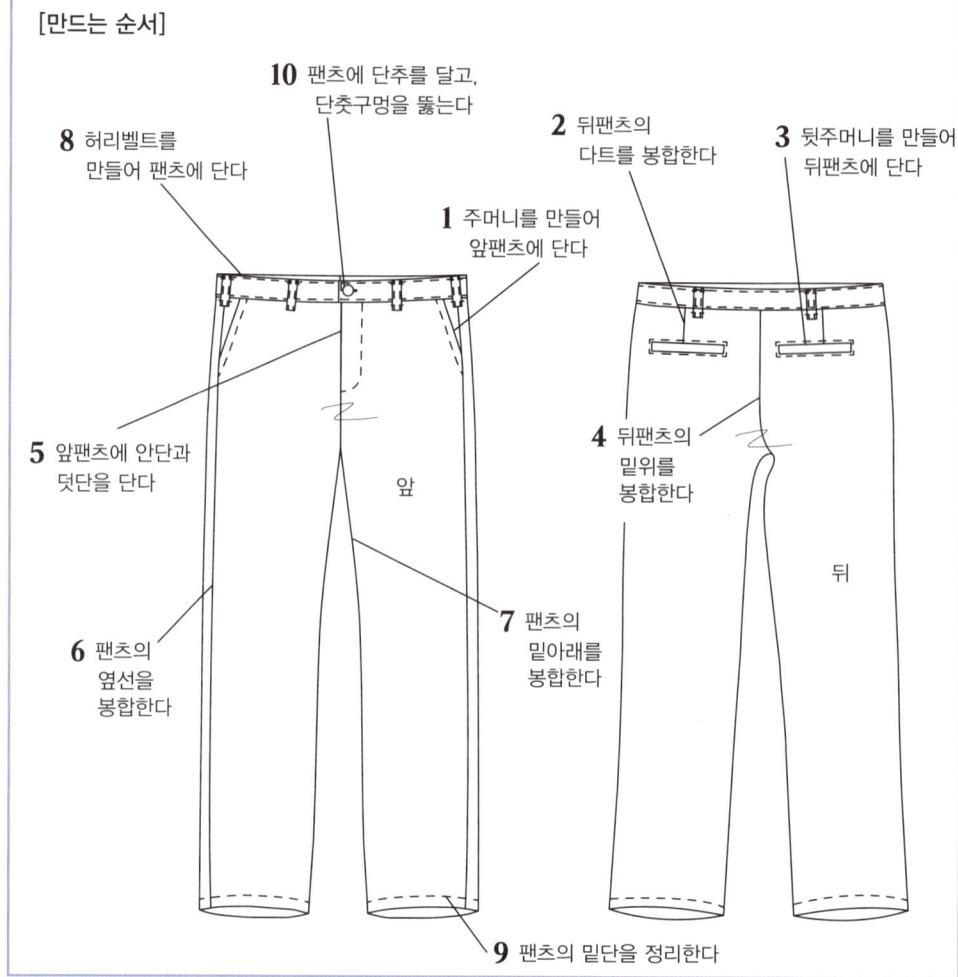

10 팬츠에 단추를 달고, 단춧구멍을 뚫는다

8 허리벨트를 만들어 팬츠에 단다

1 주머니를 만들어 앞팬츠에 단다

2 뒤팬츠의 다트를 봉합한다

3 뒷주머니를 만들어 뒤팬츠에 단다

5 앞팬츠에 안단과 덧단을 단다

6 팬츠의 옆선을 봉합한다

7 팬츠의 밑아래를 봉합한다

4 뒤팬츠의 밑위를 봉합한다

앞

뒤

9 팬츠의 밑단을 정리한다

★치수가 기재되어 있지 않은 곳은 1cm로 봉합합니다.

1 주머니를 만들어 앞팬츠에 단다

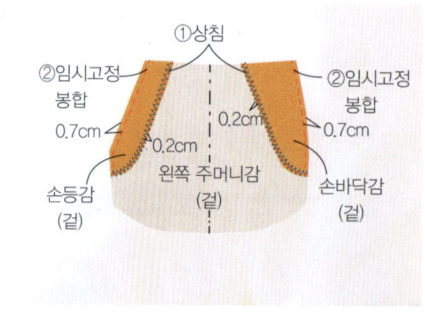

①주머니감 위에 손등감과 손바닥감을 올려 놓고, 안쪽 둘레를 0.2cm 상침, 바깥 둘레는 0.7cm 임시고정 봉합한다.

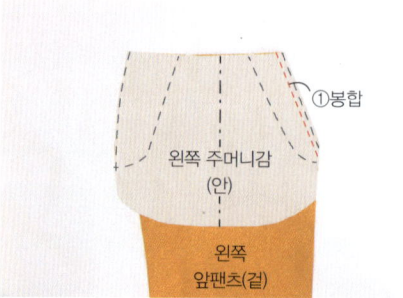

②앞팬츠와 주머니감을 겉끼리 맞대고 주머니 입구를 봉합한다.

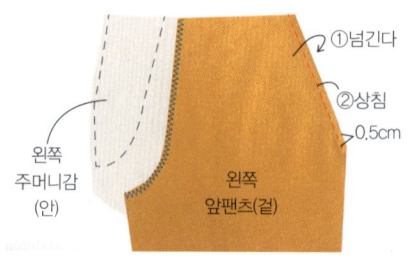

③주머니감을 앞팬츠 안으로 넘기고 앞팬츠 겉에서 주머니 입구를 0.5cm 상침한다.

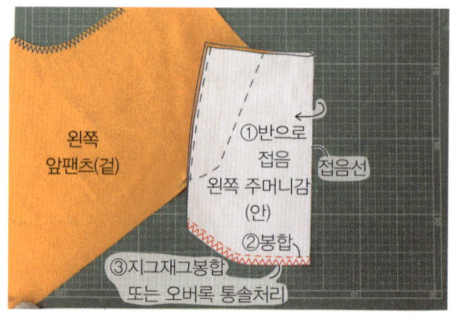

④주머니감을 접음선을 따라 겉끼리 맞대게 접고, 주머니 밑단을 봉합한 후, 지그재그봉합 또는 오버록 통솔처리한다.
※오른쪽도 같은 방법으로 주머니를 단다.

2~3 뒤팬츠에 다트를 봉합하고, 뒷주머니를 만들어 뒤팬츠에 단다

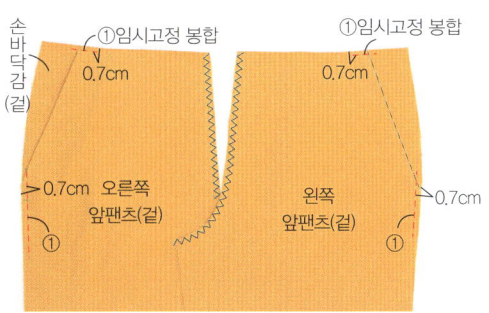

⑤앞팬츠와 주머니감을 위치에 맞게 맞춰 겹치고, 허리선과 옆선쪽을 0.7cm 임시고정 봉합하여 주머니를 고정시킨다.

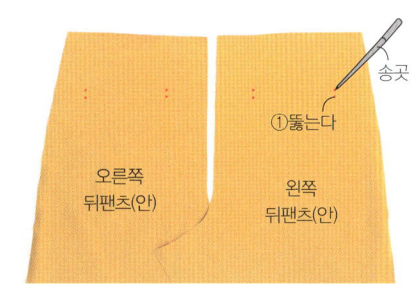

①뒤팬츠(안)에서 뒷주머니 위치에 맞춰 주머니 입구를 송곳으로 눌러 표시한다.

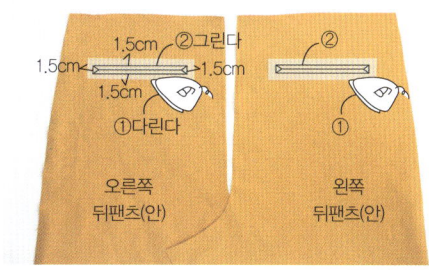

②뒤팬츠(안)에 송곳으로 표시한 주머니 위치에 소잉심지를 붙이고, 심지 위에 주머니 입구를 그린다.

※소잉심지는 주머니 입구 크기보다 1.5cm씩 더 크게 붙인다.

③왼쪽 뒤팬츠 다트를 봉합하고 뒷중심쪽으로 넘겨 다린다.
※오른쪽 팬츠도 같은 방법으로 만든다.

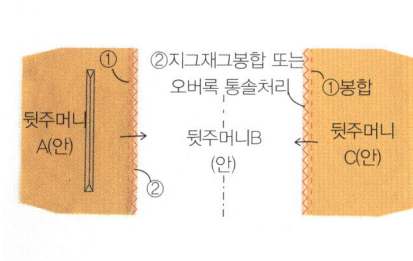

④뒷주머니A와 B를 겉끼리 맞대고 사진과 같이 봉합한 후, 지그재그봉합 또는 오버록 통솔처리한다. 시접은 뒷주머니B쪽으로 넘긴다.
※뒷주머니C와 B도 같은 방법으로 만들고, 같은 방법으로 뒷주머니를 한 개 더 만든다

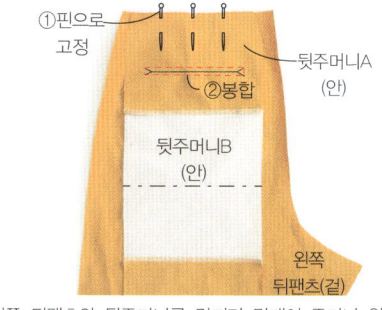

⑤왼쪽 뒤팬츠와 뒷주머니를 겉끼리 맞대어 주머니 위치에 맞춰 핀으로 고정시키고, 2장 겹쳐진 상태로 주머니입구의 둘레를 완성선을 따라 봉합한다.

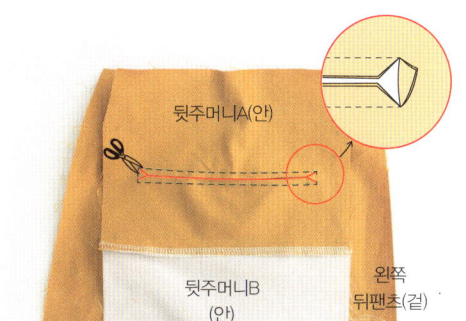

⑥사진과 같이 주머니선을 자른다. (정확히 그린 선까지만 잘라 준다) 핀은 제거한다.

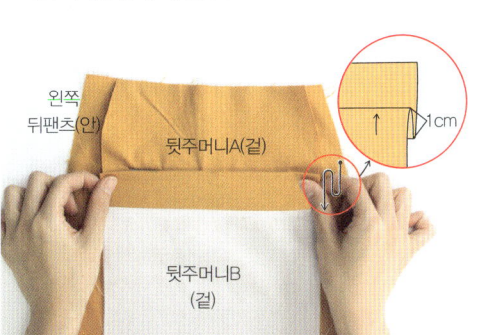

⑦주머니를 트임 안으로 넣어 뒤팬츠(안)으로 뒤집고, 주머니감을 1cm 접어 올려 주머니 입술을 만들어 준다.

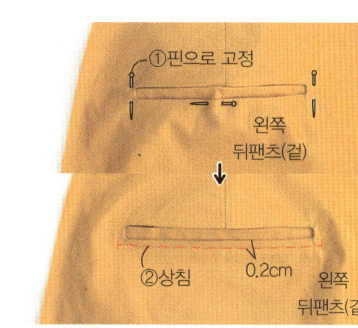

⑧주머니 입술을 핀으로 고정하고, 아래둘레를 0.2cm폭으로 상침한다.

4 뒤팬츠의 밑위를 봉합한다

⑨주머니를 반으로 접어 맞추고, 양쪽 옆선을 봉합한 후, 시접을 지그재그봉합 또는 오버록 통솔처리한다.

⑩주머니 입술 윗둘레를 0.2cm폭으로 상침하여 마무리한다.
※오른쪽 팬츠도 ⑤~⑩과정과 같은 방법으로 만든다.

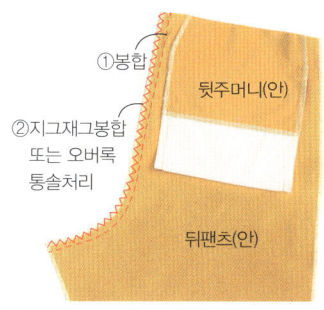

①뒤팬츠를 겉끼리 맞대어 밑위를 봉합하고, 지그재그봉합 또는 오버록 통솔처리한 후, 시접은 오른쪽 팬츠쪽으로 넘긴다.

5 앞팬츠에 안단과 덧단을 단다

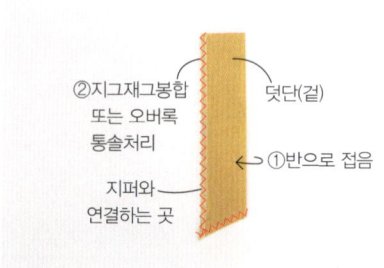

②지그재그봉합
또는 오버록
통솔처리

덧단(겉)

지퍼와
연결하는 곳

①반으로 접음

① 덧단을 반으로 접은 뒤, 지퍼와 연결하는 곳과 밑단을 지그재그봉합 또는 오버록 통솔처리한다.

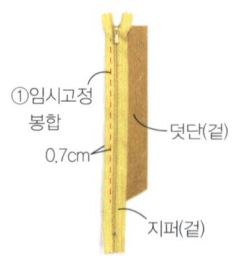

①임시고정
봉합
0.7cm

덧단(겉)

지퍼(겉)

② 덧단에 지퍼를 단다. (지퍼를 달기 전에 지퍼 시접에 워셔블 매직테이프를 미리 붙여두면 지퍼를 임시고정하기 편리하다)

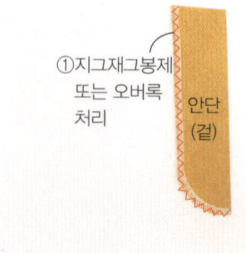

①지그재그봉제
또는 오버록
처리

안단
(겉)

③ 사진과 같이 안단 겉에서 지그재그봉제 또는 오버록 처리한다.

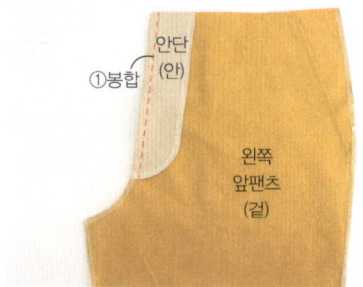

①봉합

안단
(안)

왼쪽
앞팬츠
(겉)

④ 왼쪽 앞팬츠와 안단을 겉끼리 맞대어 봉합한다.

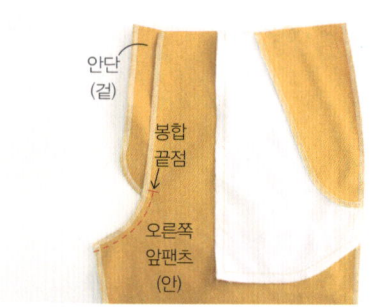

안단
(겉)

봉합
끝점

오른쪽
앞팬츠
(안)

⑤ 안단을 겉이 보이게 넘기고, 왼쪽·오른쪽 앞팬츠를 겉끼리 맞대어 밑위를 봉합 끝점까지 봉합한다.

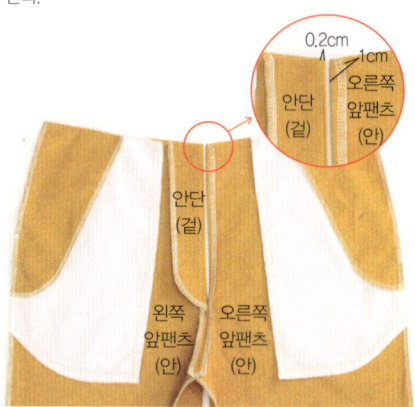

0.2cm 1cm

안단
(겉)

오른쪽
앞팬츠
(안)

안단
(겉)

왼쪽
앞팬츠
(안)

오른쪽
앞팬츠
(안)

⑥ 앞팬츠의 앞중심 시접을 1cm 접고 가름솔한다. 왼쪽 앞팬츠 앞중심은 0.2cm 더 띄워 접는다.

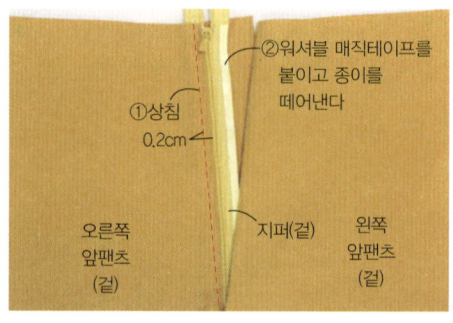

②워셔블 매직테이프를
붙이고 종이를
떼어낸다

①상침
0.2cm

오른쪽
앞팬츠
(겉)

지퍼(겉)

왼쪽
앞팬츠
(겉)

⑦ 덧단 위에 오른쪽 앞팬츠를 올리고 겉에서 0.2cm 상침한다. 반대쪽 지퍼테이프에 워셔블 매직테이프를 붙이고 종이를 떼어낸다.

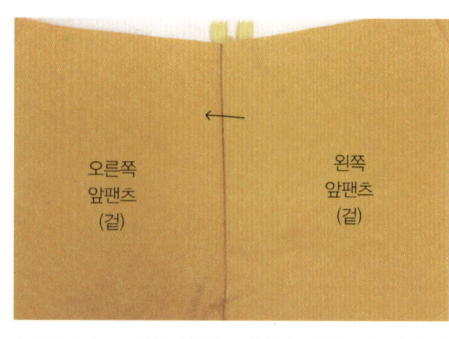

오른쪽
앞팬츠
(겉)

왼쪽
앞팬츠
(겉)

⑧ 왼쪽 앞팬츠로 오른쪽 앞팬츠 ⑦의 상침선을 덮어서 고정한다.

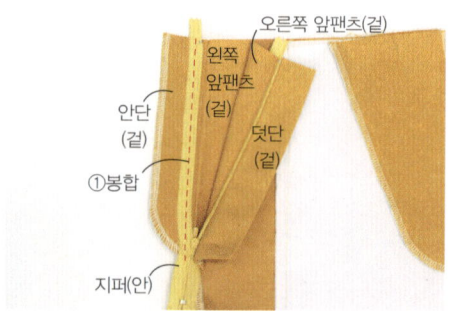

오른쪽 앞팬츠(겉)

왼쪽
앞팬츠
(겉)

안단
(겉)

덧단
(겉)

①봉합

지퍼(안)

⑨ 지퍼를 열고 오른쪽 앞팬츠를 젖힌 채로 왼쪽 지퍼를 안단과 함께 봉합한다.

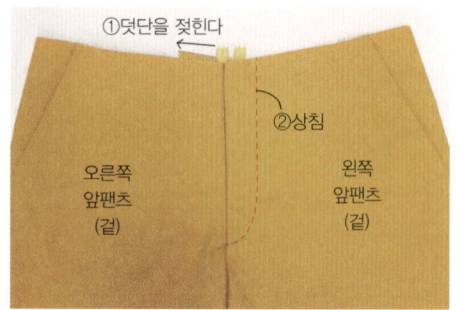

①덧단을 젖힌다

②상침

오른쪽
앞팬츠
(겉)

왼쪽
앞팬츠
(겉)

⑩ 지퍼를 올리고 덧단을 오른쪽 앞팬츠 안쪽으로 젖힌 채로 왼쪽 앞팬츠 겉에서 안단 스티치 모양을 따라 상침한다.

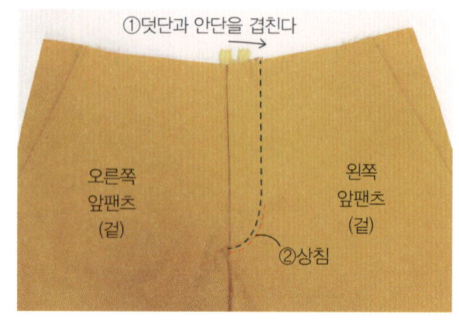

①덧단과 안단을 겹친다

오른쪽
앞팬츠
(겉)

왼쪽
앞팬츠
(겉)

②상침

⑪ 덧단과 안단을 겹쳐 한 번 더 고정 상침한다.

6~7 팬츠의 옆선과 밑아래를 봉합한다

①봉합 ②지그재그봉합 또는
오버록 통솔처리

①

②

①

앞팬츠(안)

②

① 앞·뒤팬츠를 겉끼리 맞대어 옆선과 밑아래를 봉합하고 시접은 지그재그봉합 또는 오버록 통솔처리한 뒤, 시접을 뒤팬츠쪽으로 넘긴다.

8 허리벨트를 만들어 팬츠에 단다

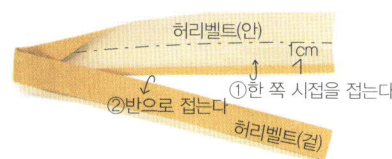

① 허리벨트 한 쪽의 시접을 1cm 접어 다리고, 접음선을 따라 반으로 접는다.

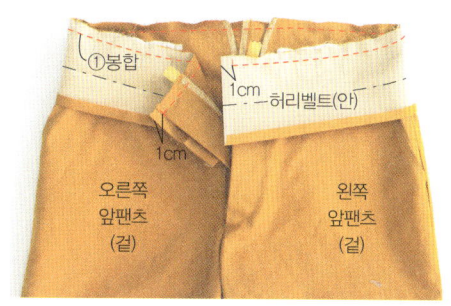

② 허리벨트를 양쪽 시접 1cm를 제외하고 팬츠와 겉끼리 맞대어 핀으로 고정시킨 후, 완성선까지 봉합한다.

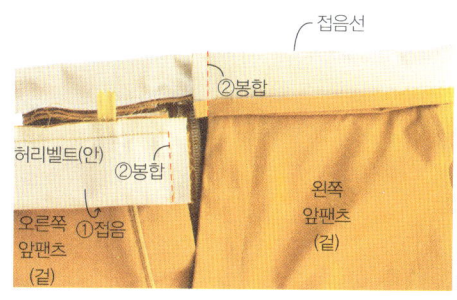

③ 허리벨트를 겉끼리 맞대어 반으로 접은 후, 완성선을 봉합한 후, 겉으로 뒤집는다.

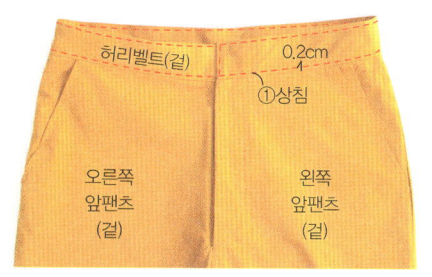

④ 시접을 허리벨트 안으로 넣어 정리하고, 허리벨트의 둘레를 0.2cm 간격으로 상침한다.

⑤ 벨트 고리감을 치수에 맞게 잘라 6개를 준비하고, 한 쪽만 지그재그봉제 또는 오버록 처리한다.

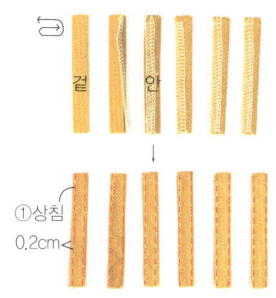

⑥ 오버록 처리한 쪽이 밖으로 오도록 사진과 같이 2번 접고, 양쪽 옆선을 0.2cm 간격으로 두 줄 상침한다.

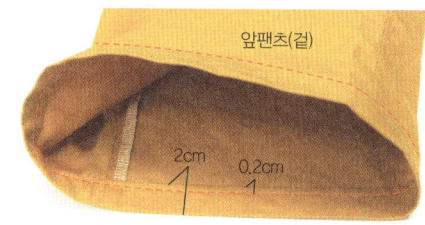

⑦ 벨트고리 위치에 맞춰 벨트고리를 봉합한다.(총 6개)

9 팬츠의 밑단을 정리한다

① 밑단을 1cm 접고, 완성선에 맞춰 한 번 더 2cm 접은 후, 팬츠 겉에서 0.2cm 간격으로 상침한다.

10 팬츠에 단추를 달고, 단춧구멍을 뚫는다

① 팬츠에 단추를 달고, 단춧구멍을 뚫는다

완성

HOW
TO
MAKE

일러스트
제작 설명서

* 이 책에서 성인은 95, 100, 105, 110의 **4가지** 사이즈, 아동은 90, 100, 110, 120, 130의 **5가지** 사이즈로 소개하고 있습니다. 작품의 완성 사이즈를 확인하여 사이즈를 선택해주세요.

* 설명서에 표기된 재단배치도의 요척과 재료의 양은 가장 큰 사이즈의 패턴을 기준으로 작성되어 있습니다. 다른 사이즈의 패턴으로 제작 시 약간의 차이가 있을 수 있습니다.

* 부록인 실물크기 패턴에는 시접이 포함되어 있지 않습니다. 각 만드는 방법 페이지의 재단 배치도를 참고하여 시접을 더해주세요.

[완성사이즈]

사이즈 명칭	95	100	105	110
가슴둘레	100	105	110	115
옷길이	66	67	69	71
소매길이	72	73	75	76

[재료]
· 겉감 110cm×180cm
· 배색감 110cm×90cm
· 소잉심지 15cm×5cm
· 5cm폭 라벨 1개

[재단배치도]
· 지정 이외의 시접은 1cm
· ▬ 부분에 소잉심지를 붙인다
· ∿ 표시된 부분은 지그재그봉제 또는 오버록 처리한다
· 주머니는 직접 제도하여 사용합니다.

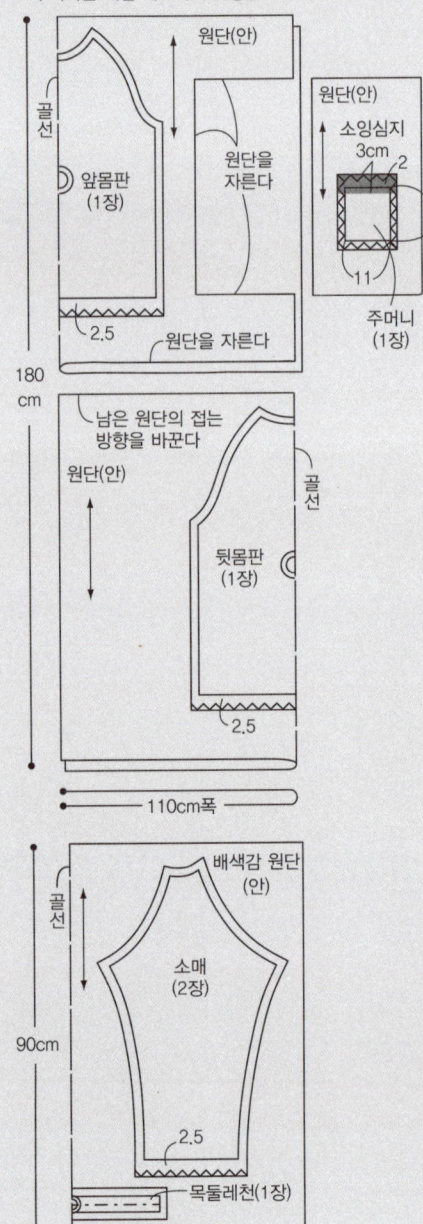

[만드는 순서]

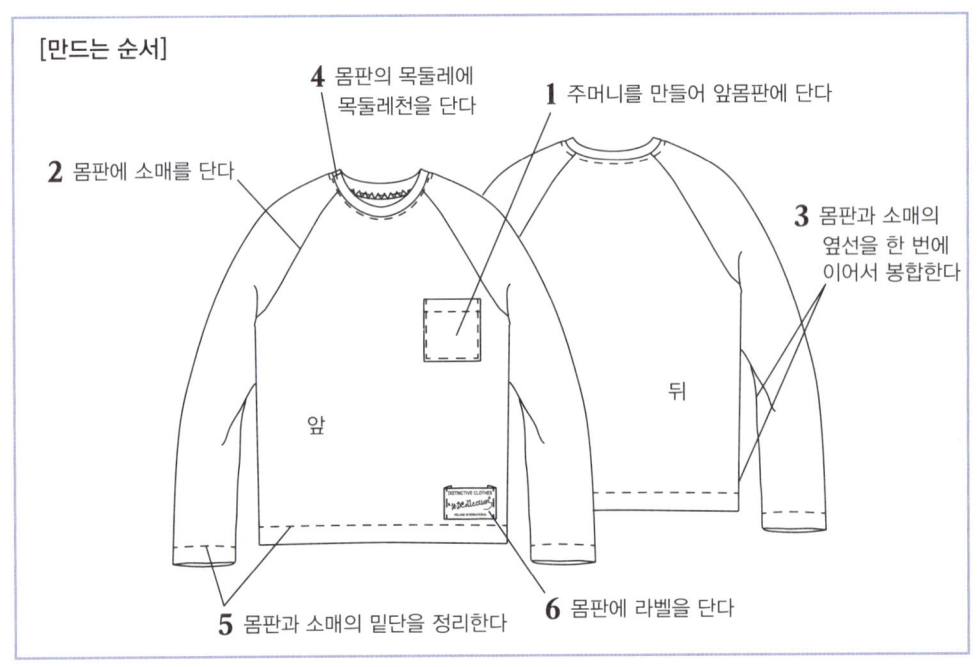

4 몸판의 목둘레에 목둘레천을 단다
1 주머니를 만들어 앞몸판에 단다
2 몸판에 소매를 단다
3 몸판과 소매의 옆선을 한 번에 이어서 봉합한다
앞 뒤
5 몸판과 소매의 밑단을 정리한다
6 몸판에 라벨을 단다

★치수가 기재되어 있지 않은 곳은 1cm로 봉합합니다.

1 주머니를 만들어 앞몸판에 단다

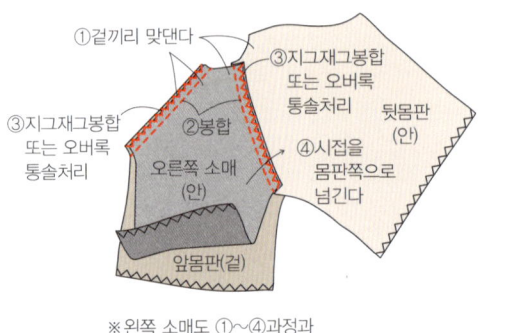

2 몸판에 소매를 단다

③지그재그봉합 또는 오버록 통솔처리

※왼쪽 소매도 ①~④과정과 같은 방법으로 만든다

3 몸판과 소매의 옆선을 한 번에 이어서 봉합한다

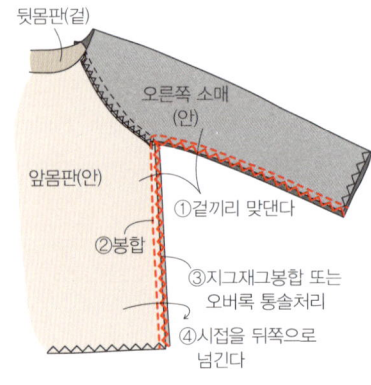

※왼쪽 옆선도 ①~④과정과 같은 방법으로 만든다

4 몸판의 목둘레에 목둘레천을 단다

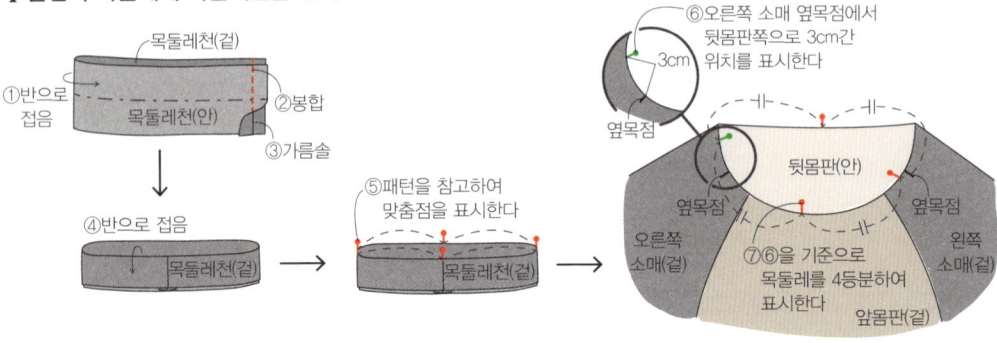

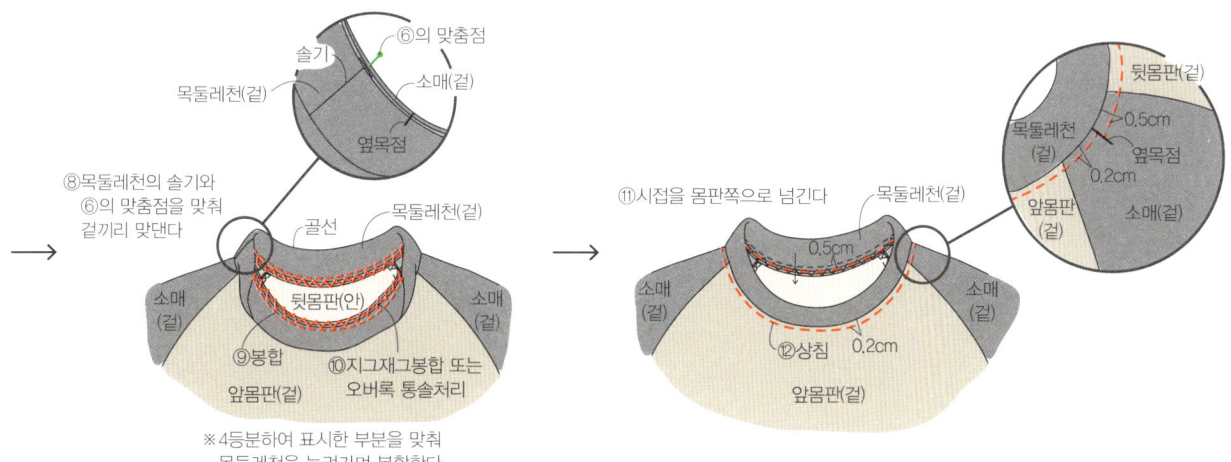

⑧목둘레천의 솔기와
⑥의 맞춤점을 맞춰
겉끼리 맞댄다

※4등분하여 표시한 부분을 맞춰
목둘레천을 늘려가며 봉합한다

⑪시접을 몸판쪽으로 넘긴다

5 몸판과 소매의 밑단을 정리한다

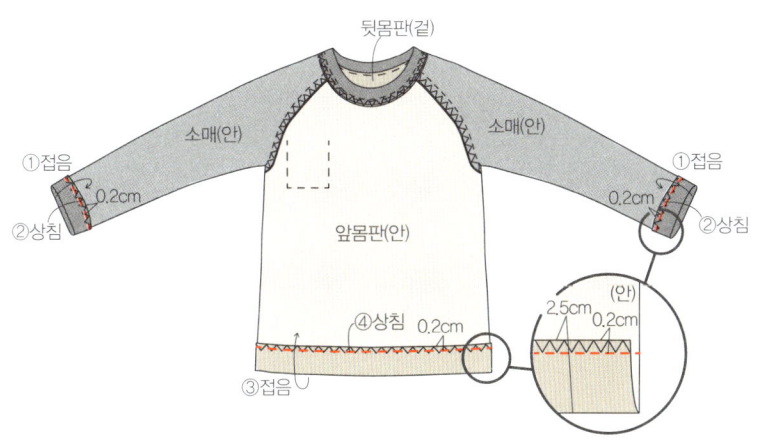

6 몸판에 라벨을 단다

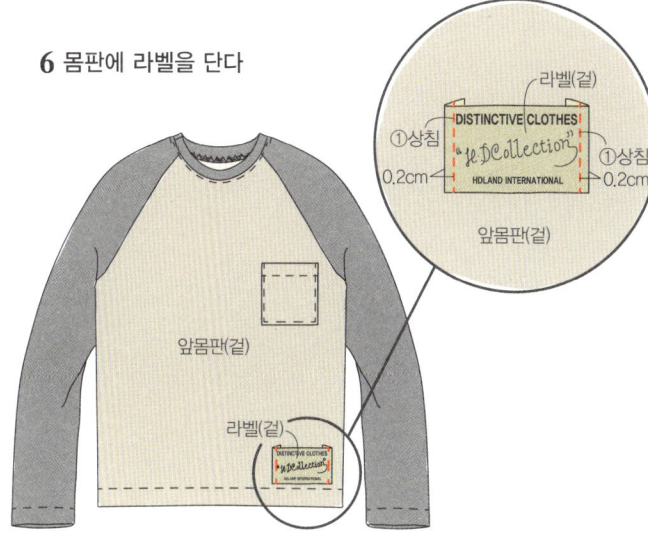

완성

No.2 반소매 래글런 티셔츠

Page 8 / Pattern A면 A-2

[완성사이즈]

사이즈 명칭	95	100	105	110
가슴둘레	100	105	110	115
옷길이	66	67	69	71
소매길이	34	35	36	37

[재료]
· 겉감 110cm×180cm
· 배색감 110cm×50cm
· 6cm폭 와펜 1개

[재단배치도]
· 지정 이외의 시접은 1cm
· ⌵⌵⌵ 표시된 부분은 지그재그봉제 또는 오버록 처리한다

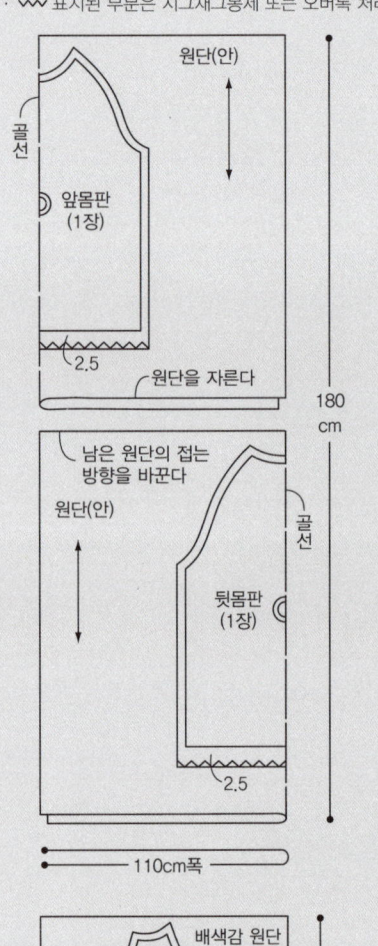

원단(안)
골선
앞몸판 (1장)
2.5
원단을 자른다
180 cm

남은 원단의 접는 방향을 바꾼다
원단(안)
골선
뒷몸판 (1장)
2.5
110cm폭

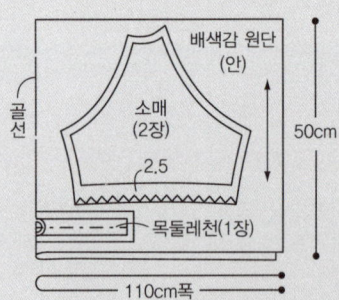

골선
배색감 원단 (안)
소매 (2장)
2.5
목둘레천(1장)
50cm
110cm폭

[만드는 순서]

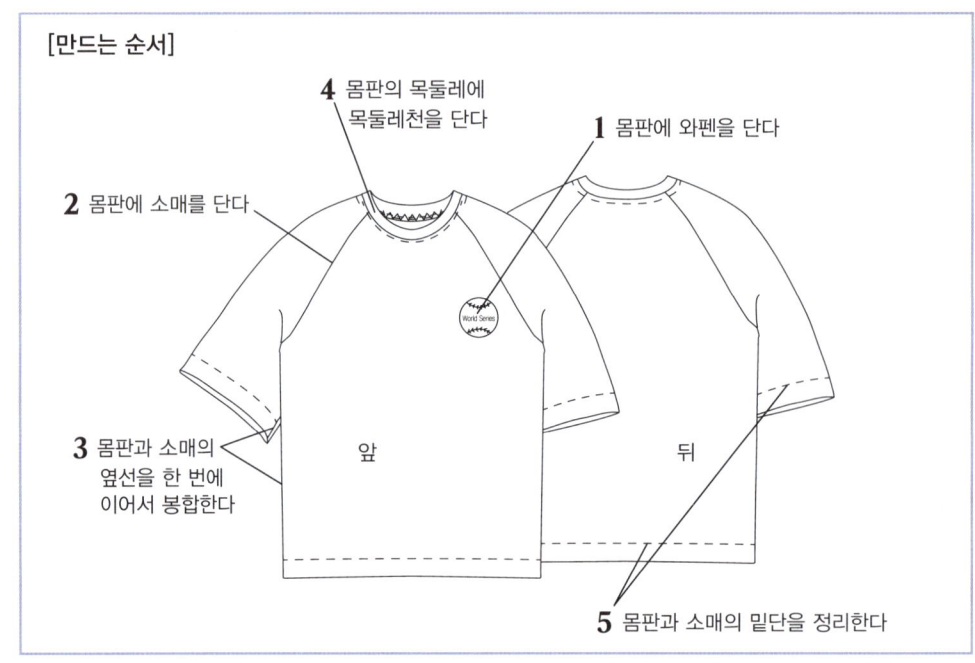

4 몸판의 목둘레에 목둘레천을 단다
1 몸판에 와펜을 단다
2 몸판에 소매를 단다
3 몸판과 소매의 옆선을 한 번에 이어서 봉합한다
앞
뒤
5 몸판과 소매의 밑단을 정리한다

★치수가 기재되어 있지 않은 곳은 1cm로 봉합합니다.

1 몸판에 와펜을 단다

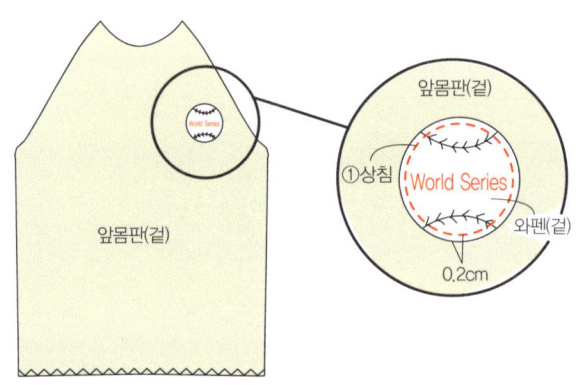

앞몸판(겉)
앞몸판(겉)
①상침
World Series
와펜(겉)
0.2cm

2 몸판에 소매를 단다 (P.68 / 2-①~④ 참고)

3 몸판과 소매의 옆선을 한 번에 이어서 봉합한다 (P.68 / 3-①~④ 참고)

4 몸판의 목둘레에 목둘레천을 단다 (P.68 / 4-①~⑫ 참고)

5 몸판과 소매의 밑단을 정리한다 (P.69 / 5-①~④ 참고)

완성

긴소매
베이직 티셔츠
Page 9 / Pattern A면 A-3

[완성사이즈]

사이즈 명칭	95	100	105	110
가슴둘레	95	100	105	110
옷길이	70	71	73	75
소매길이	62	62.5	63	64

[재료]
· 겉감 110cm×250cm
· 시보리감 86cm×20cm
· 소잉심지 15cm×5cm
· 5cm폭 와펜 1개

[재단배치도]
· 지정 이외의 시접은 1cm
· ▨ 부분에 소잉심지를 붙인다
· ∿ 표시된 부분은 지그재그봉제 또는 오버록 처리한다

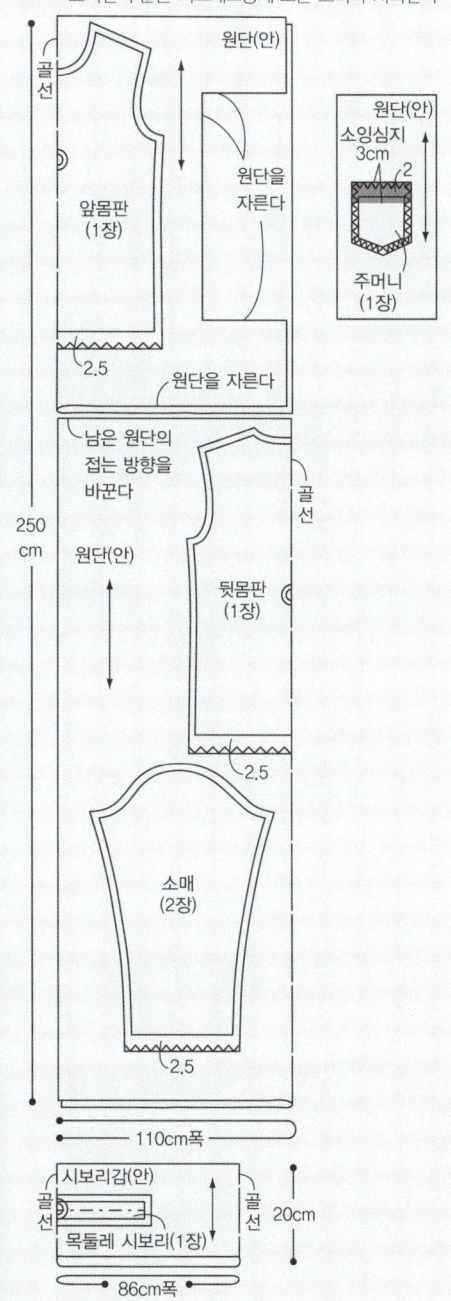

[만드는 순서]

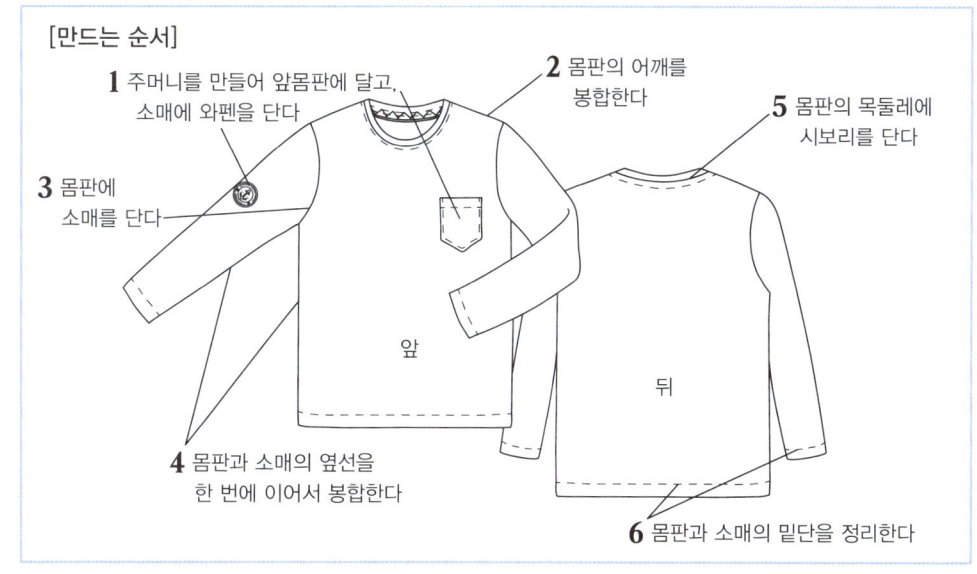

1 주머니를 만들어 앞몸판에 달고, 소매에 와펜을 단다
2 몸판의 어깨를 봉합한다 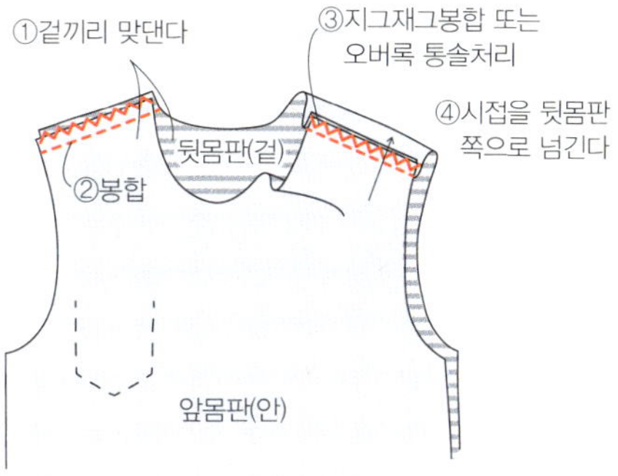
3 몸판에 소매를 단다
4 몸판과 소매의 옆선을 한 번에 이어서 봉합한다
5 몸판의 목둘레에 시보리를 단다
6 몸판과 소매의 밑단을 정리한다

앞
뒤

★치수가 기재되어 있지 않은 곳은 1cm로 봉합합니다.

1 주머니를 만들어 앞몸판에 달고, 소매에 와펜을 단다

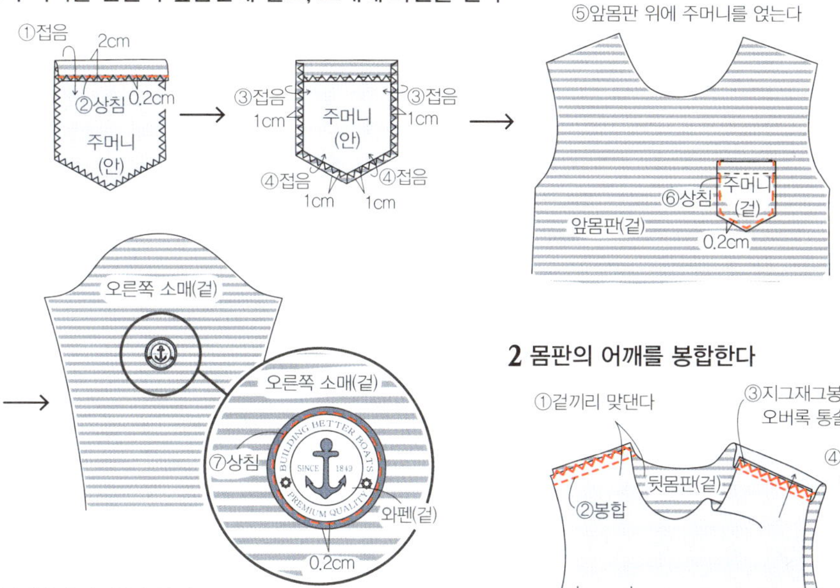

①접음 2cm
②상침 0.2cm
주머니(안)

③접음 1cm ③접음 1cm
주머니(안)
④접음 1cm ④접음 1cm

⑤앞몸판 위에 주머니를 얹는다
앞몸판(겉)
⑥상침 0.2cm
주머니(겉)

오른쪽 소매(겉)

오른쪽 소매(겉)
⑦상침
BUILDING BETTER BOATS
SINCE 1843
PREMIUM QUALITY
와펜(겉)
0.2cm

2 몸판의 어깨를 봉합한다

①겉끼리 맞댄다
②봉합
③지그재그봉합 또는 오버록 통솔처리
④시접을 뒷몸판 쪽으로 넘긴다
뒷몸판(겉)
앞몸판(안)

3 몸판에 소매를 단다

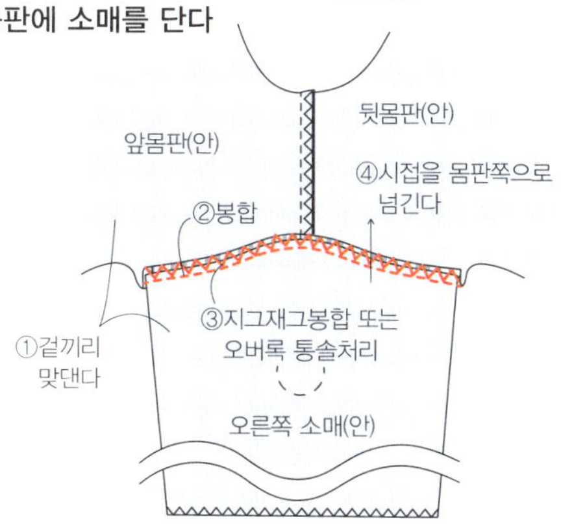

앞몸판(안)
뒷몸판(안)
①겉끼리 맞댄다
②봉합
③지그재그봉합 또는 오버록 통솔처리
④시접을 몸판쪽으로 넘긴다
오른쪽 소매(안)

※왼쪽 소매도 ①~④과정과 같은 방법으로 만든다

완성

4 몸판과 소매의 옆선을 한 번에 이어서 봉합한다
(P.68 / 3-①~④ 참고)

5 몸판의 목둘레에 시보리를 단다
(P.68 / 4-①~⑫ 참고)

6 몸판과 소매의 밑단을 정리한다
(P.69 / 5-①~④ 참고)

No.4 베이직 티셔츠
반소매
Page 9 / Pattern A면 A-4

[완성사이즈]

사이즈 \ 명칭	95	100	105	110
가슴둘레	95	100	105	110
옷길이	70	71	73	75
소매길이	25	25,5	26	26,5

[재료]
· 겉감 110cm×225cm
· 2.5cm폭 와펜 1개
· 4.7cm폭 끼워라벨 1개

[재단배치도]
· 지정 이외의 시접은 1cm
· ⋁⋁ 표시된 부분은 지그재그봉제 또는 오버록 처리한다

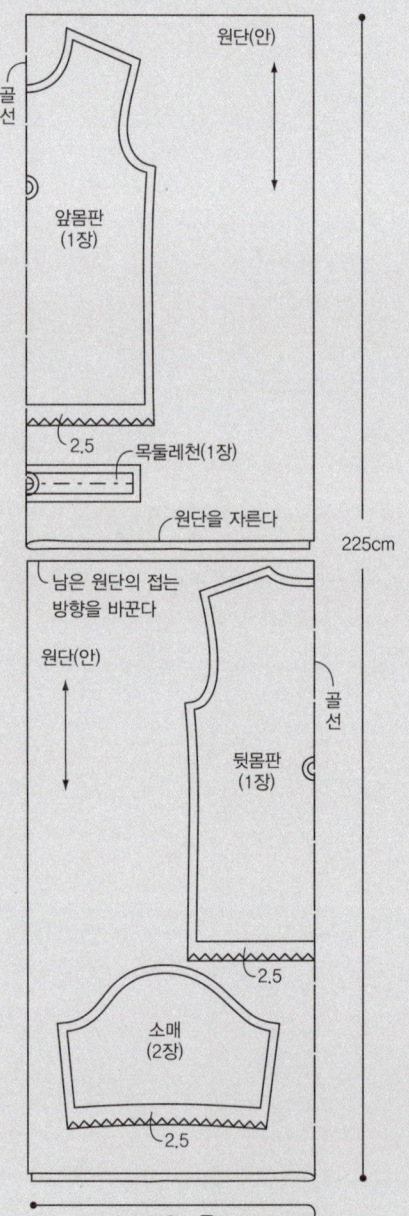

[만드는 순서]

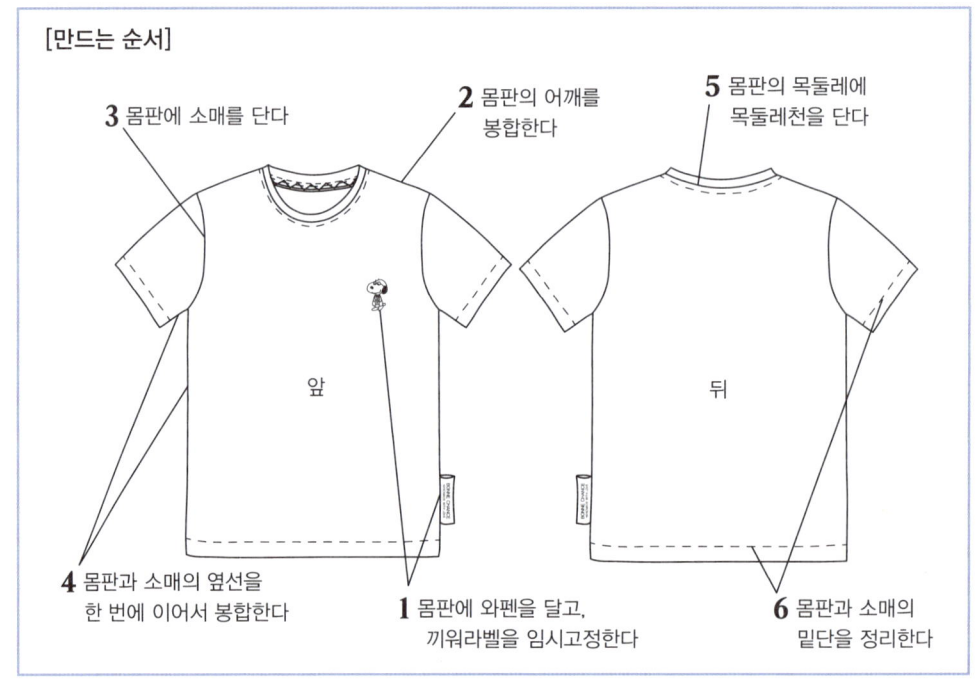

3 몸판에 소매를 단다

2 몸판의 어깨를 봉합한다

5 몸판의 목둘레에 목둘레천을 단다

앞

뒤

4 몸판과 소매의 옆선을 한 번에 이어서 봉합한다

1 몸판에 와펜을 달고, 끼워라벨을 임시고정한다

6 몸판과 소매의 밑단을 정리한다

★치수가 기재되어 있지 않은 곳은 1cm로 봉합합니다.

1 몸판에 와펜을 달고, 끼워라벨을 임시고정한다

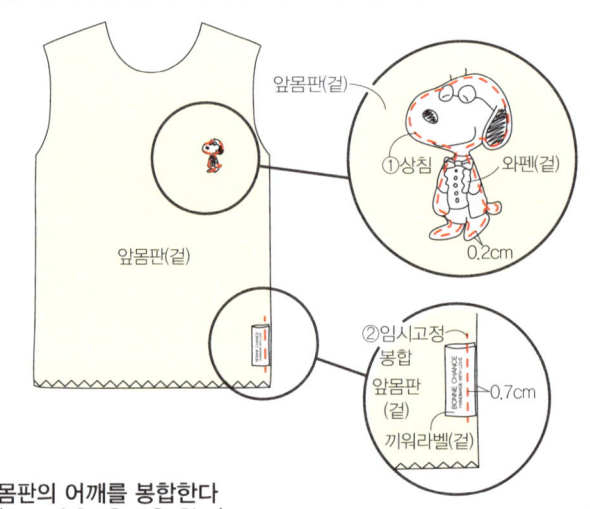

2 몸판의 어깨를 봉합한다
(P.71 / 2-①~④ 참고)

3 몸판에 소매를 단다
(P.71 / 3-①~④ 참고)

4 몸판과 소매의 옆선을 한 번에 이어서 봉합한다
(P.68 / 3-①~④ 참고)

5 몸판의 목둘레에 목둘레천을 단다
(P.68 / 4-①~⑫ 참고)

6 몸판과 소매의 밑단을 정리한다
(P.69 / 5-①~④ 참고)

완성

No.5 언더숄더 맨투맨

Page 10 / Pattern B면 A-5

[완성사이즈]

사이즈 명칭	95	100	105	110
가슴둘레	118	124	130	136
옷길이	74	77	80	83
소매길이	48	49	50	51

[재료]
· 겉감 110cm×225cm
· 시보리감 110cm×60cm

[재단배치도]
· 지정 이외의 시접은 1cm

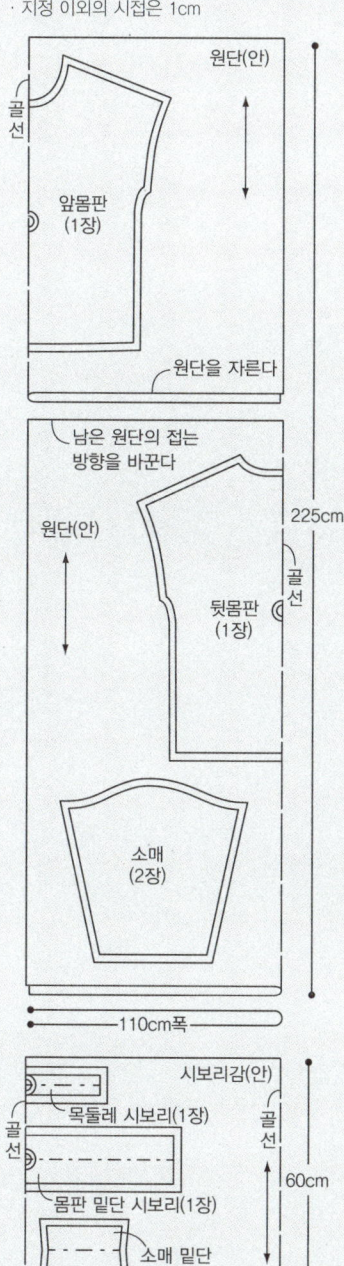

원단(안)
골선
앞몸판
(1장)
원단을 자른다

남은 원단의 접는
방향을 바꾼다
원단(안)
뒷몸판
(1장)
골선
225cm

소매
(2장)

―110cm폭―

시보리감(안)
목둘레 시보리(1장)
골선
몸판 밑단 시보리(1장)
소매 밑단
시보리(2장)
60cm
―110cm폭―

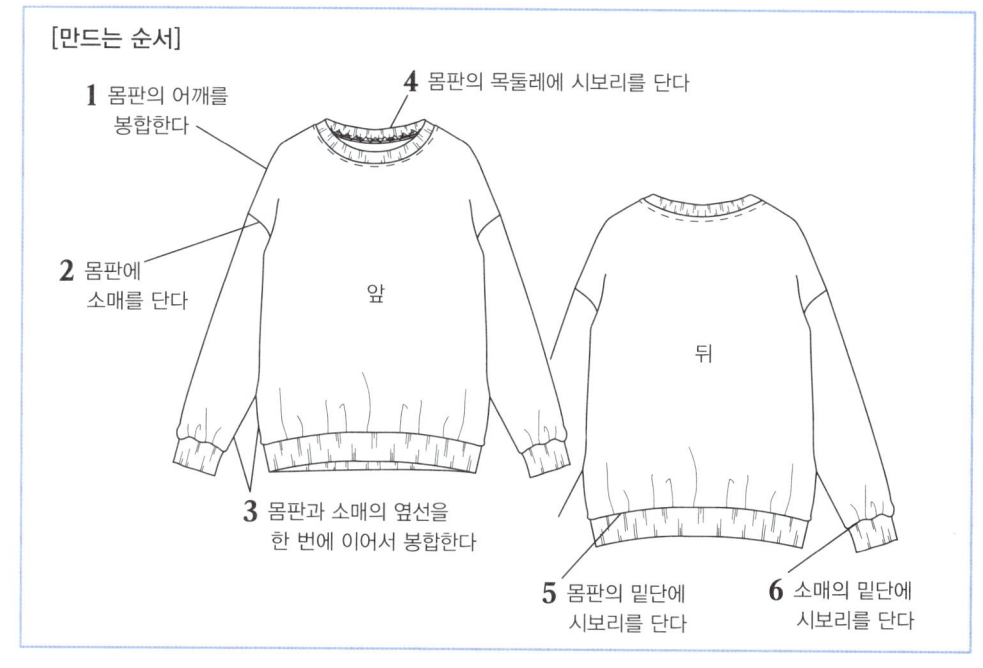

[만드는 순서]

1 몸판의 어깨를 봉합한다
2 몸판에 소매를 단다
3 몸판과 소매의 옆선을 한 번에 이어서 봉합한다
4 몸판의 목둘레에 시보리를 단다
5 몸판의 밑단에 시보리를 단다
6 소매의 밑단에 시보리를 단다

앞
뒤

★치수가 기재되어 있지 않은 곳은 1cm로 봉합합니다.

1 몸판의 어깨를 봉합한다 (P.71 / **2**-①～④ 참고)　　**2** 몸판에 소매를 단다 (P.71 / **3**-①～④ 참고)

3 몸판과 소매의 옆선을 한 번에 이어서 봉합한다
(P.68 / **3**-①～④ 참고)

4 몸판의 목둘레에 시보리를 단다
(P.68 / **4**-①～⑫ 참고)

5～6 몸판과 소매의 밑단에 시보리를 단다

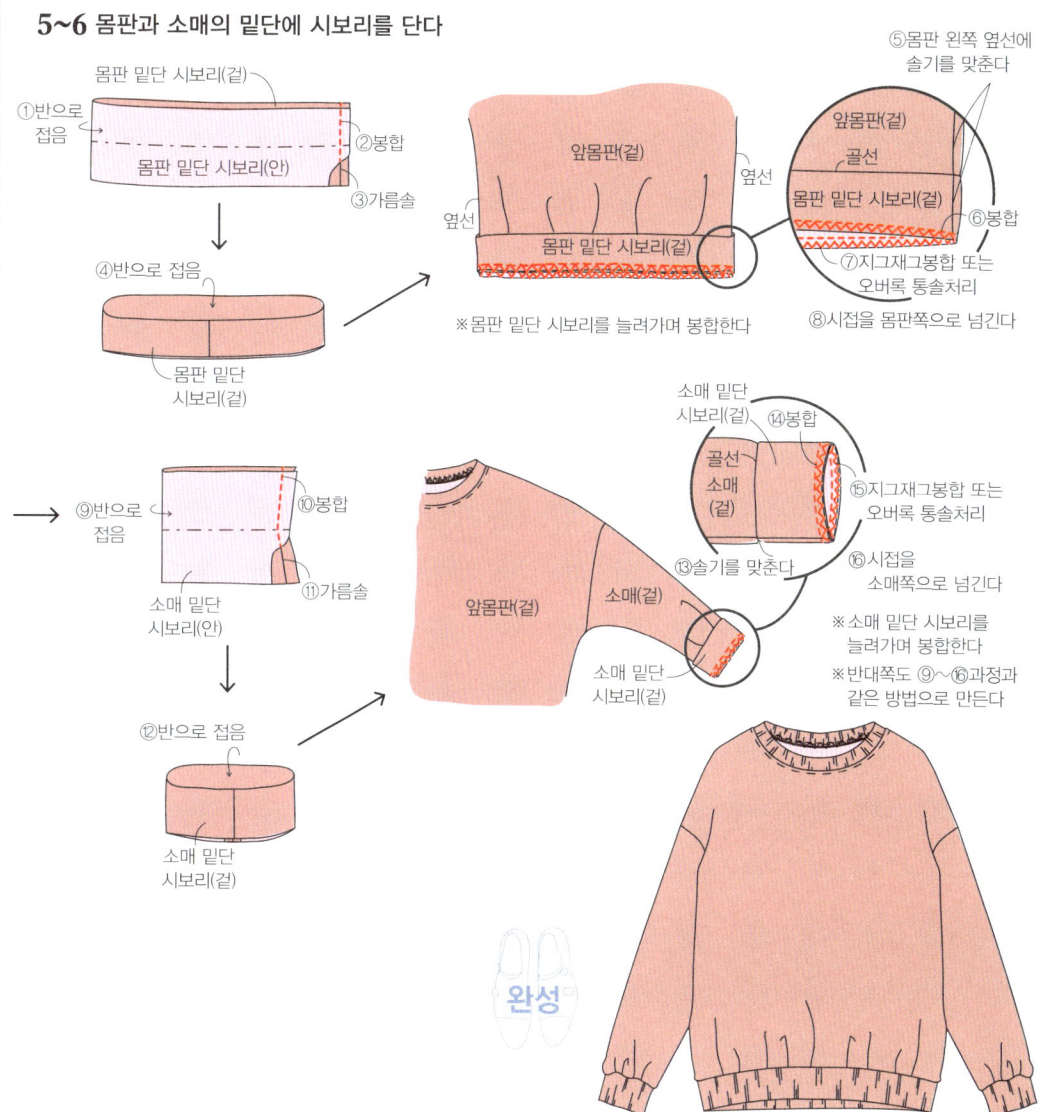

완성

- 73 -

No.6 후드티

[완성사이즈]

[성인]

사이즈 명칭	95	100	105	110
가슴둘레	112	118	124	130
옷길이	76	77	80	82
소매길이	67	68	70	72

[아동]

사이즈 명칭	90	100	110	120	130
가슴둘레	69	72	76	80	84
옷길이	42	44	46	48	50
소매길이	35	37	39	42	45

[재료_성인]
· 겉감 110cm×360cm
· 시보리감 110cm×40cm
· 소잉심지 10cm×10cm
· 5호 아일렛 2쌍
· 1cm폭 납짝 면끈 1팩

[재단배치도_성인]
· 지정 이외의 시접은 1cm
· ■ 부분에 소잉심지를 붙인다

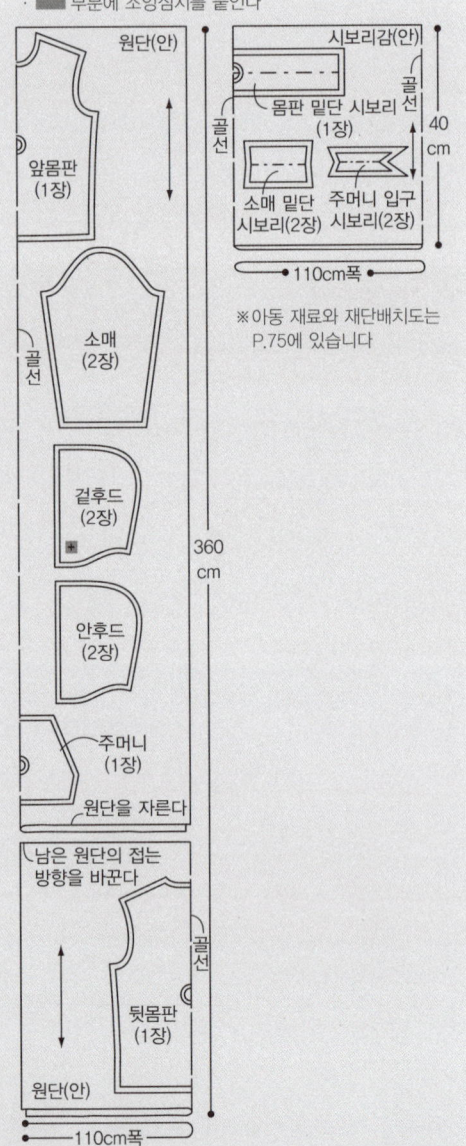

※아동 재료와 재단배치도는 P.75에 있습니다.

[만드는 순서]

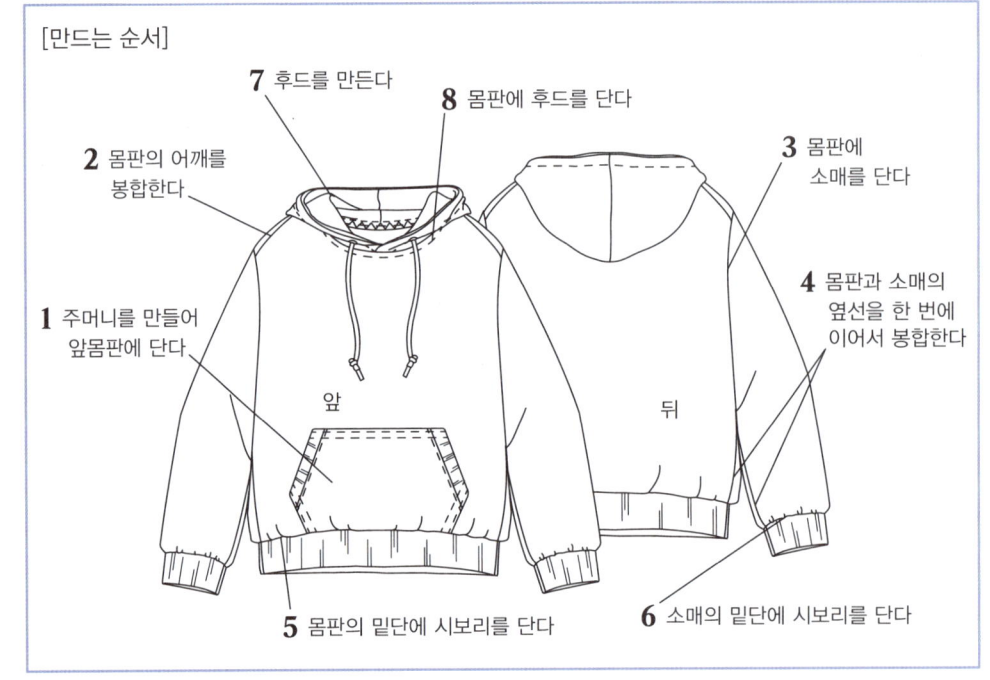

7 후드를 만든다
8 몸판에 후드를 단다
2 몸판의 어깨를 봉합한다
3 몸판에 소매를 단다
1 주머니를 만들어 앞몸판에 단다
4 몸판과 소매의 옆선을 한 번에 이어서 봉합한다
앞
뒤
5 몸판의 밑단에 시보리를 단다
6 소매의 밑단에 시보리를 단다

★치수가 기재되어 있지 않은 곳은 1cm로 봉합합니다.

1 주머니를 만들어 앞몸판에 단다

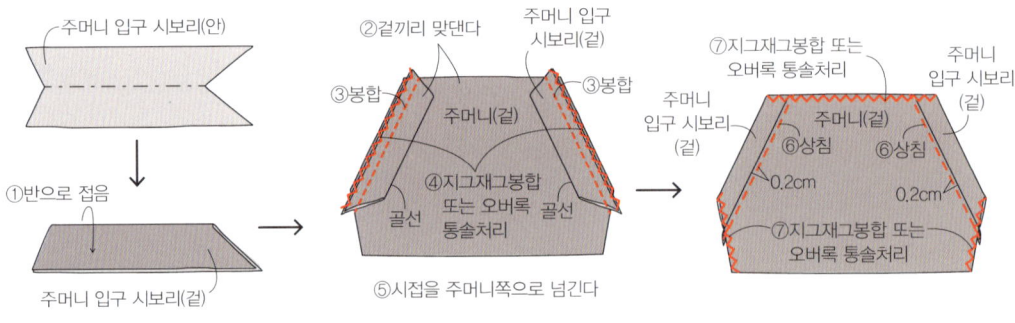

2 몸판의 어깨를 봉합한다 (P.71 / 2-①~④ 참고)

3 몸판에 소매를 단다 (P.71 / 3-①~④ 참고)

4 몸판과 소매의 옆선을 한 번에 이어서 봉합한다 (P.68 / 3-①~④ 참고)

5 몸판의 밑단에 시보리를 단다 (P.73 / 5~6-①~⑧ 참고)

6 소매의 밑단에 시보리를 단다 (P.73 / 5~6-⑨~⑯ 참고)

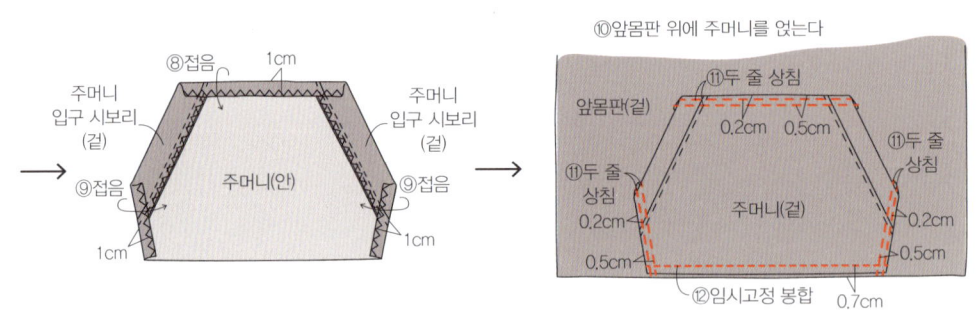

7 후드를 만든다

②겉끼리 맞댄다

③봉합

④지그재그봉합
또는 오버록
통솔처리

겉후드(안)

겉후드
(겉)

①아일렛을 단다

⑤시접을
왼쪽으로
넘긴다

※아일렛 다는 방법 P.59 참고
※안후드도 ②~⑤과정과
같은 방법으로 만든다

⑥겉끼리 맞댄다

안후드
(겉)

겉후드
(안)

⑦봉합

겉후드(안)

안후드
(안)

[성인]

⑧겉으로
뒤집는다

⑨상침

3cm

안후드
(겉)

겉후드(겉)

[아동]

⑨상침

2.5cm

안후드
(겉)

겉후드(겉)

8 몸판에 후드를 단다

①겉끼리 맞댄다 ②봉합 ③지그재그봉합 또는
오버록 통솔처리
뒷몸판(안)

앞중심

오른쪽
안후드(겉)

왼쪽
안후드(겉)

오른쪽 겉후드(겉) 왼쪽 겉후드(겉)

앞몸판(겉)

※몸판 앞중심과 후드 맞춤점을 맞춰 봉합한다

[성인]

1.5cm 앞중심 앞몸판
(겉)

오른쪽
안후드(겉) 1.5cm 왼쪽
안후드(겉)

[아동]

1.25cm 앞중심 앞몸판
(겉)

오른쪽
안후드(겉) 1.25cm 왼쪽
안후드(겉)

[재료_아동]
· 겉감 110cm×135cm
· 시보리감 110cm×40cm
· 소잉심지 10cm×10cm
· 5호 아일렛 2쌍
· 0.6cm폭 둥근 면끈 1팩

[재단배치도_아동]
· 지정 이외의 시접은 1cm
· ▓▓ 부분에 소잉심지를 붙인다

원단(안)

골선

앞몸판
(1장)

겉후드
(2장)

소매
(2장)

주머니
(1장)

원단을 자른다

135cm

남은 원단의 접는
방향을 바꾼다

안후드
(2장)

골선

뒷몸판
(1장)

원단(안)

110cm폭

시보리감(안)

골선

몸판 밑단 시보리
(1장)

골선

40cm

소매 밑단
시보리(2장)

주머니 입구
시보리(2장)

110cm폭

· 성인

· 아동

완성

④후드를 몸판
위로 젖힌다

겉후드(겉)

안후드(겉)

⑤시접을 몸판쪽으로
넘긴다

0.5cm

⑥상침

0.2cm

앞몸판(겉)

⑦끈 통로 입구를 통해
끈을 통과시킨다

뒷몸판(겉)

겉후드
(겉) 0.5cm

어깨선

0.2cm

앞몸판(겉)

No.7 이너웨어 Set

Page 14 / Pattern D면 A-7

[완성사이즈]

[민소매]

사이즈 명칭	95	100	105	110
가슴둘레	99	104	109	114
옷길이	70	71	74	75

[트렁크 팬티]

사이즈 명칭	95	100	105	110
허리둘레	110	114	119	123
옷길이	36	36	37	38

※허리둘레는 고무줄을 달기 전 사이즈입니다

[재료_민소매]
· 겉감 110cm×180cm

[재단배치도_민소매]
· 지정 이외의 시접은 1cm
· ww 표시된 부분은 지그재그봉제 또는 오버록 처리한다

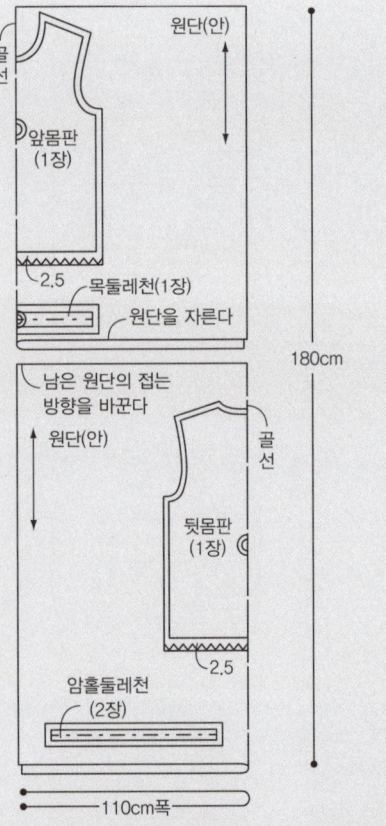

※트렁크 팬티 재료와 재단배치도는
P.78에 있습니다

[만드는 순서_민소매]

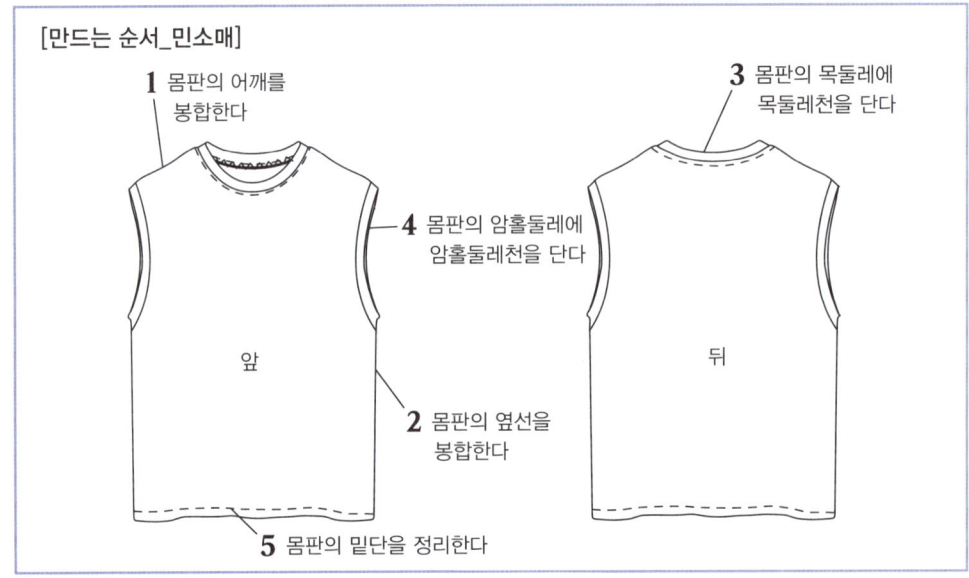

1 몸판의 어깨를 봉합한다
3 몸판의 목둘레에 목둘레천을 단다
4 몸판의 암홀둘레에 암홀둘레천을 단다
앞
뒤
2 몸판의 옆선을 봉합한다
5 몸판의 밑단을 정리한다

[만드는 순서_트렁크 팬티]

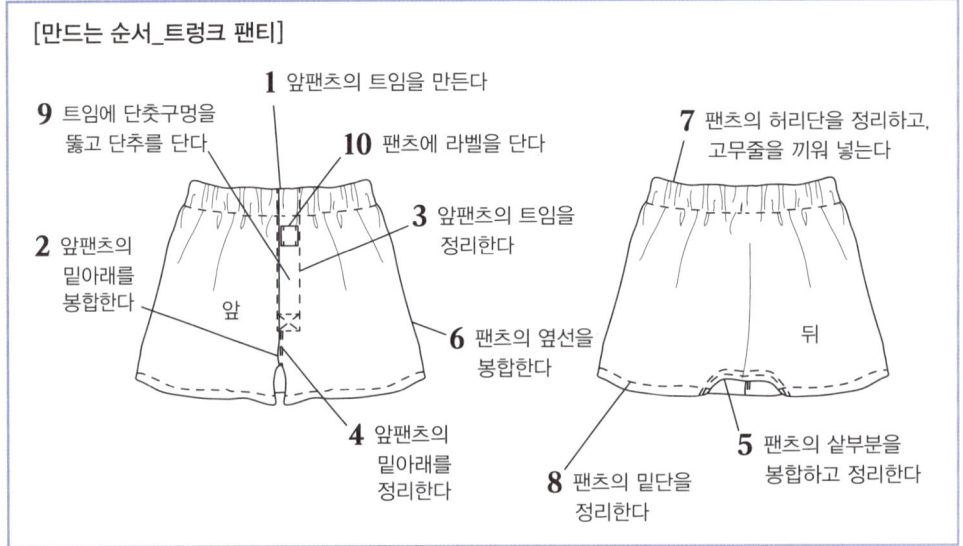

9 트임에 단춧구멍을 뚫고 단추를 단다
1 앞팬츠의 트임을 만든다
10 팬츠에 라벨을 단다
3 앞팬츠의 트임을 정리한다
7 팬츠의 허리단을 정리하고, 고무줄을 끼워 넣는다
2 앞팬츠의 밑아래를 봉합한다
앞
뒤
6 팬츠의 옆선을 봉합한다
4 앞팬츠의 밑아래를 정리한다
5 팬츠의 샅부분을 봉합하고 정리한다
8 팬츠의 밑단을 정리한다

★치수가 기재되어 있지 않은 곳은 1cm로 봉합합니다.

[민소매]

1 몸판의 어깨를 봉합한다 (P.71 / 2-①~④ 참고)

2 몸판의 옆선을 봉합한다

3 몸판의 목둘레에 목둘레천을 단다 (P.68 / 4-①~⑫ 참고)

4 몸판의 암홀둘레에 암홀둘레천을 단다

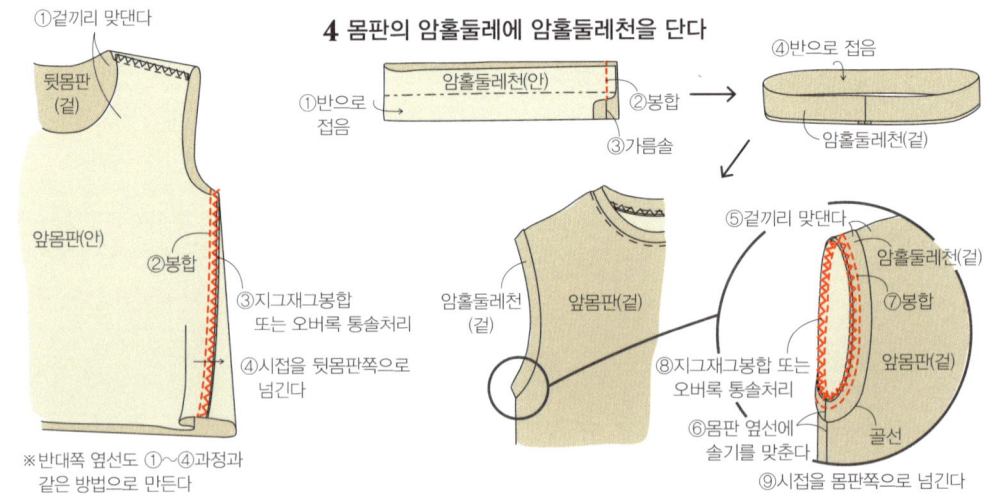

5 몸판의 밑단을 정리한다 (P.69 / 5-③~④ 참고)

[트렁크 팬티]

1 앞팬츠의 트임을 만든다

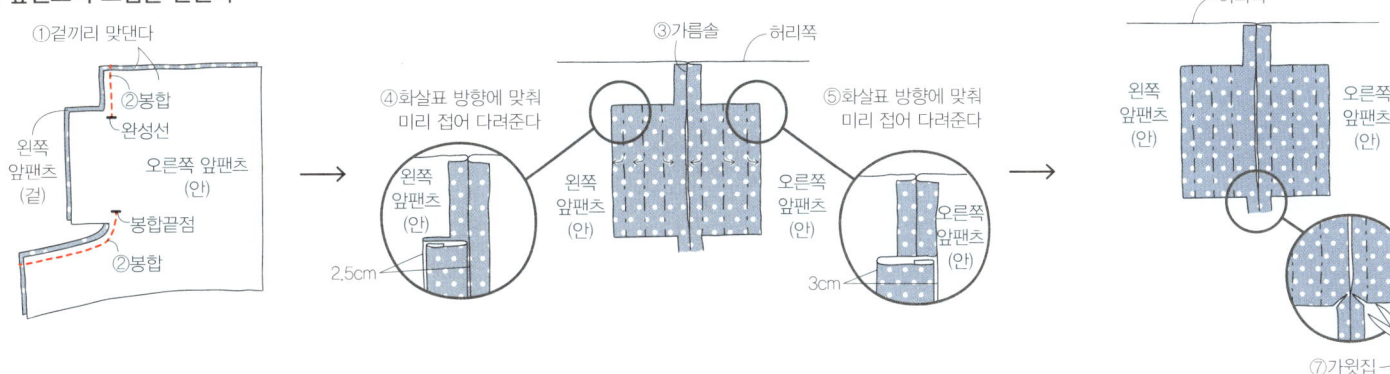

⑥접어 다렸던 트임을 다시 펼친다

①겉끼리 맞댄다
②봉합
완성선
왼쪽 앞팬츠(겉)
오른쪽 앞팬츠(안)
봉합끝점
②봉합

④화살표 방향에 맞춰 미리 접어 다려준다
③가름솔
허리쪽
왼쪽 앞팬츠(안)
2.5cm
왼쪽 앞팬츠(안)
오른쪽 앞팬츠(안)
⑤화살표 방향에 맞춰 미리 접어 다려준다
오른쪽 앞팬츠(안)
3cm

허리쪽
왼쪽 앞팬츠(안)
오른쪽 앞팬츠(안)
⑦가윗집

2 앞팬츠의 밑아래를 봉합한다

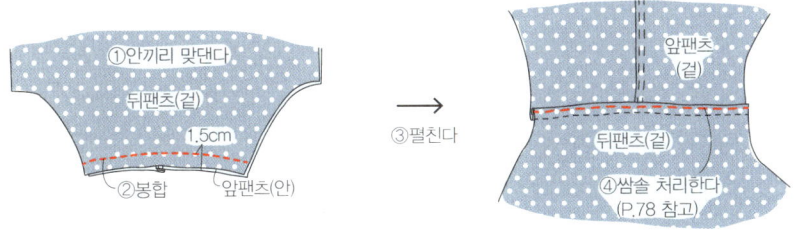

①미리 접어 다렸던 트임을 다시 접는다
왼쪽 앞팬츠(안)
오른쪽 앞팬츠(안)
0.5cm
②오른쪽 앞팬츠 트임이 위쪽에 오도록 겹친다

왼쪽 앞팬츠(겉)
오른쪽 앞팬츠(안)
④가윗집
③트임의 밑단과 밑아래를 반듯해지도록 편다
⑤트임의 밑단과 밑아래를 한 번에 이어서 지그재그봉합 또는 오버록 통솔처리한다

3~4 앞팬츠의 트임과 밑아래를 정리한다

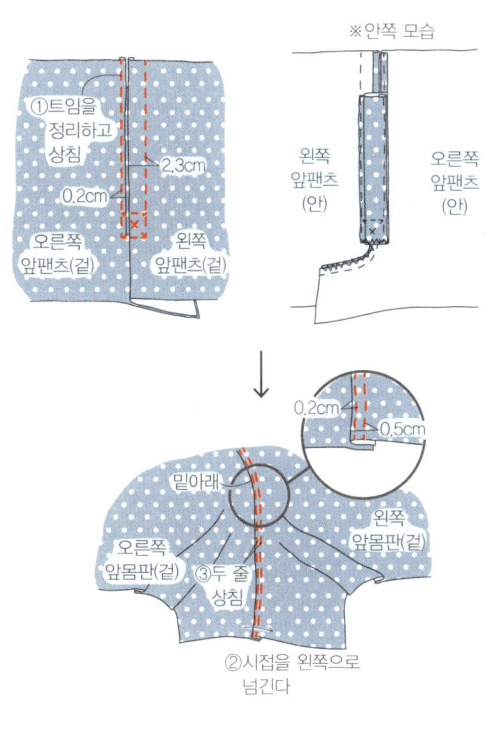

※안쪽 모습
①트임을 정리하고 상침
0.2cm
2.3cm
오른쪽 앞팬츠(겉)
왼쪽 앞팬츠(겉)

왼쪽 앞팬츠(안)
오른쪽 앞팬츠(안)

0.2cm
0.5cm
밑아래
오른쪽 앞몸판(겉)
③두 줄 상침
왼쪽 앞몸판(겉)
②시접을 왼쪽으로 넘긴다

5 팬츠의 샅부분을 봉합하고 정리한다

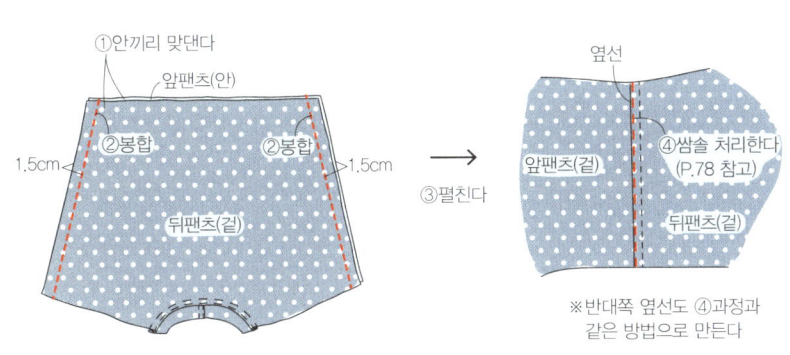

①안끼리 맞댄다
뒤팬츠(겉)
1.5cm
②봉합
앞팬츠(안)
③펼친다

앞팬츠(겉)
뒤팬츠(겉)
④쌈솔 처리한다 (P.78 참고)

6 팬츠의 옆선을 봉합한다

①안끼리 맞댄다
앞팬츠(안)
②봉합
1.5cm
②봉합
1.5cm
뒤팬츠(겉)
③펼친다

옆선
앞팬츠(겉)
④쌈솔 처리한다 (P.78 참고)
뒤팬츠(겉)
※반대쪽 옆선도 ④과정과 같은 방법으로 만든다

7 팬츠의 허리단을 정리하고, 고무줄을 끼워 넣는다

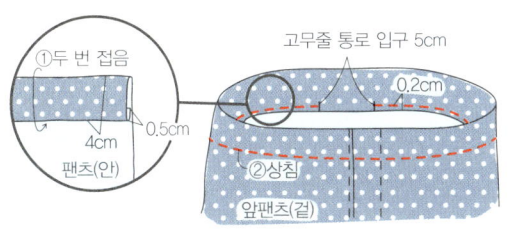

①두 번 접음
4cm
0.5cm
팬츠(안)
고무줄 통로 입구 5cm
0.2cm
②상침
앞팬츠(겉)

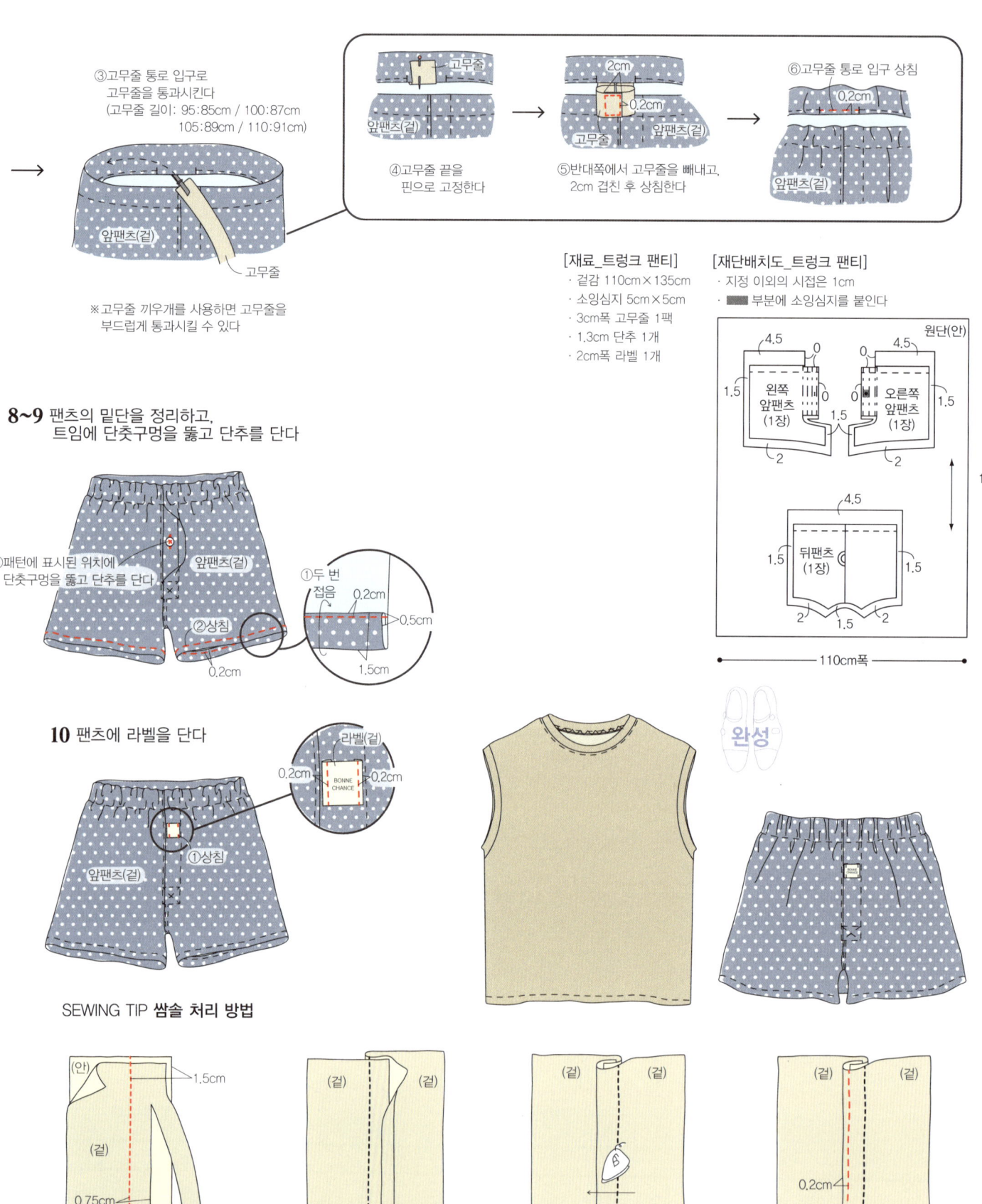

③고무줄 통로 입구로
고무줄을 통과시킨다
(고무줄 길이: 95:85cm / 100:87cm
105:89cm / 110:91cm)

앞팬츠(겉)

고무줄

※고무줄 끼우개를 사용하면 고무줄을
부드럽게 통과시킬 수 있다

고무줄

앞팬츠(겉)

④고무줄 끝을
핀으로 고정한다

2cm

0.2cm

고무줄   앞팬츠(겉)

⑤반대쪽에서 고무줄을 빼내고,
2cm 겹친 후 상침한다

⑥고무줄 통로 입구 상침

0.2cm

앞팬츠(겉)

[재료_트렁크 팬티]
· 겉감 110cm×135cm
· 소잉심지 5cm×5cm
· 3cm폭 고무줄 1팩
· 1.3cm 단추 1개
· 2cm폭 라벨 1개

[재단배치도_트렁크 팬티]
· 지정 이외의 시접은 1cm
· ▨ 부분에 소잉심지를 붙인다

원단(안)

4.5   0   0   4.5

1.5   왼쪽
      앞팬츠
      (1장)   0   오른쪽   1.5
            앞팬츠
      1.5   (1장)

2   2

4.5

1.5   뒤팬츠   1.5
      (1장)

2   1.5   2

135cm

110cm폭

8~9 팬츠의 밑단을 정리하고,
트임에 단춧구멍을 뚫고 단추를 단다

③패턴에 표시된 위치에
단춧구멍을 뚫고 단추를 단다

앞팬츠(겉)

②상침

0.2cm

①두 번
접음   0.2cm

0.5cm

1.5cm

10 팬츠에 라벨을 단다

라벨(겉)

0.2cm   0.2cm
      BONNE
      CHANCE

앞팬츠(겉)   ①상침

완성

SEWING TIP 쌈솔 처리 방법

(안)   1.5cm

(겉)

0.75cm

(겉)   (겉)

(겉)   (겉)

라벨(겉)

(겉)   (겉)

0.2cm

1. 안과 안이 서로 마주보도록 겹쳐
   봉합한 후, 한쪽의 시접을 반으로
   자른다.

2. 시접을 한쪽으로 넘기고, 자른쪽의
   시접을 다른 한쪽의 시접으로 감싼다.

3. 시접을 다림질하여 반대방향으로
   넘긴다.

4. 감싼 시접의 가장자리에 상침한다.

No.8 드레스 셔츠

Page 16 / Pattern A면 B-1

[완성사이즈]

사이즈 명칭	95	100	105	110
가슴둘레	98	104	109	115
옷길이	68	70	73	75
소매길이	62	63	64	65

[재료]

· 겉감 110cm×315cm
· 소잉심지 110cm×90cm
· 1.1cm폭 단추 11개

[재단배치도]

· 지정 이외의 시접은 1cm
· ■ 부분에 소잉심지를 붙인다

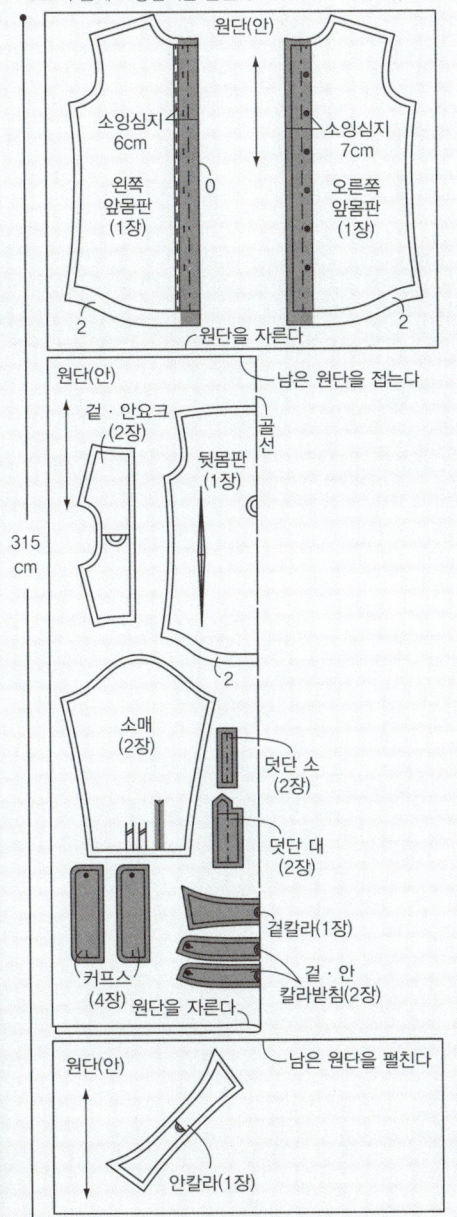

315cm

110cm

[만드는 순서]

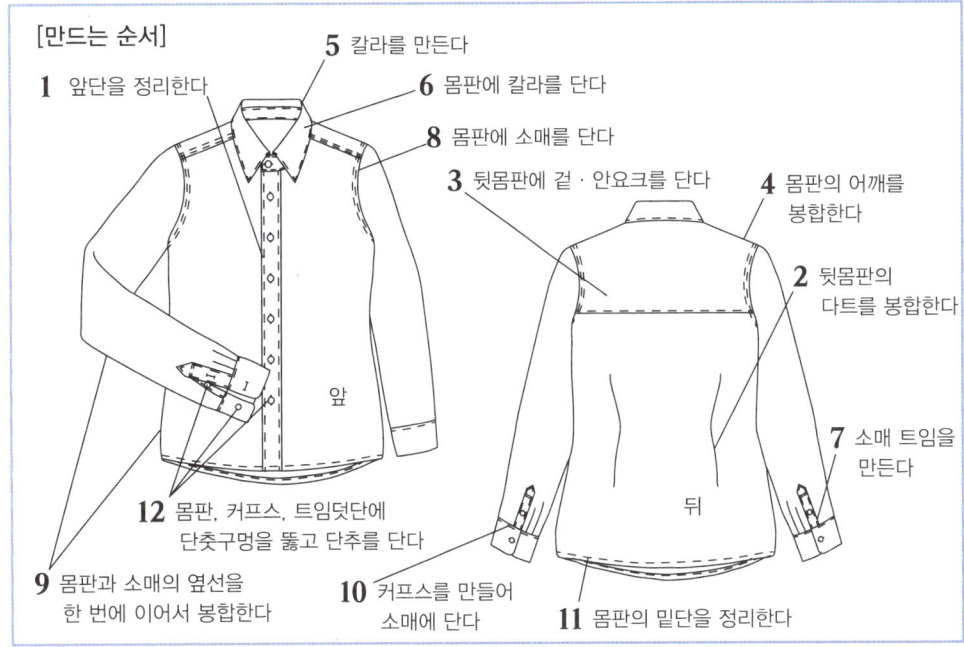

5 칼라를 만든다
6 몸판에 칼라를 단다
8 몸판에 소매를 단다
3 뒷몸판에 겉 · 안요크를 단다
1 앞단을 정리한다
4 몸판의 어깨를 봉합한다
2 뒷몸판의 다트를 봉합한다
7 소매 트임을 만든다
12 몸판, 커프스, 트임덧단에 단춧구멍을 뚫고 단추를 단다
9 몸판과 소매의 옆선을 한 번에 이어서 봉합한다
10 커프스를 만들어 소매에 단다
11 몸판의 밑단을 정리한다

★치수가 기재되어 있지 않은 곳은 1cm로 봉합합니다.

1 앞단을 정리한다

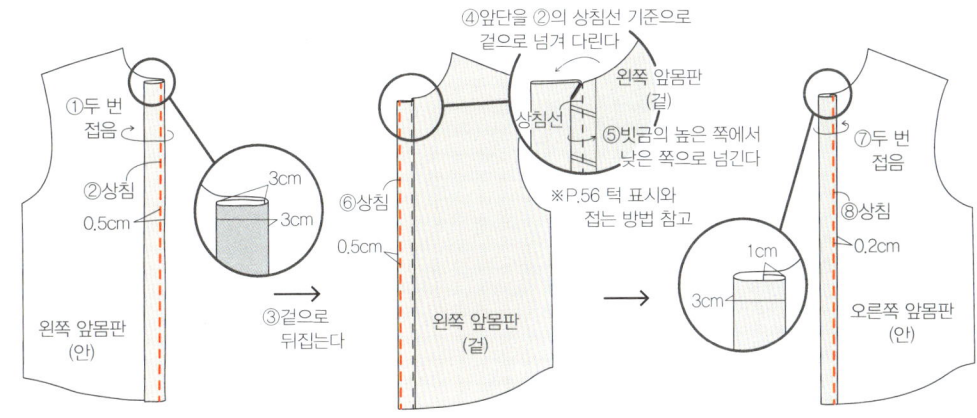

2 뒷몸판의 다트를 봉합한다

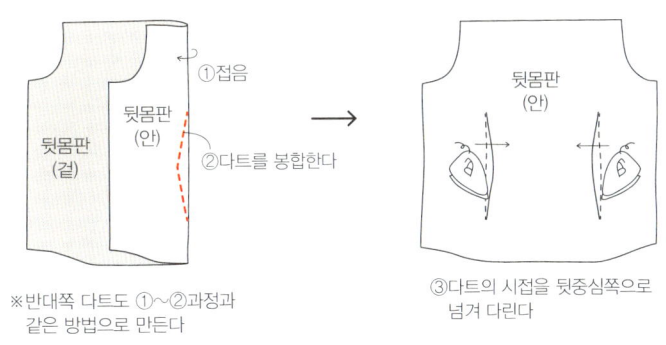

3 뒷몸판에 겉 · 안요크를 단다

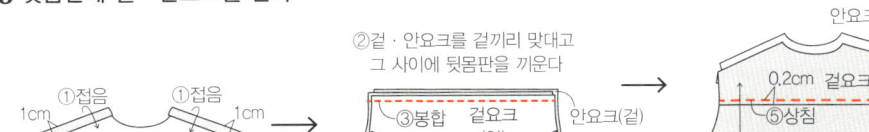

4 몸판의 어깨를 봉합한다

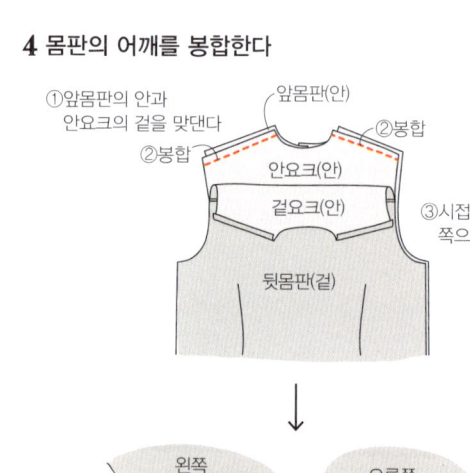

①앞몸판의 안과 안요크의 겉을 맞댄다
②봉합
앞몸판(안)
안요크(안)
겉요크(안)
③시접을 안요크 쪽으로 넘긴다
뒷몸판(겉)

왼쪽 앞몸판(겉)
오른쪽 앞몸판(겉)
0.2cm
0.2cm
0.5cm
0.5cm
겉요크(겉)
안요크(안)
④어깨시접 위에 겉요크를 올려놓고 두 줄 상침
뒷몸판(겉)

5 칼라를 만든다

①겉끼리 맞댄다
겉칼라(겉)
②봉합
안칼라(안)
③모서리 시접 정리

④겉으로 뒤집는다
⑤상침
0.2cm
겉칼라(겉)

겉칼라받침(안)
⑥접음 1cm

⑦겉끼리 맞댄다
안칼라받침(겉)
겉칼라받침(안)

⑧겉·안칼라받침 사이에 칼라를 끼운다
안칼라받침(겉)
⑨봉합
⑩곡진 부분 가윗집
겉칼라받침(안)
안칼라(겉)

⑪겉으로 뒤집는다
안칼라(겉)
겉칼라받침(겉)
안칼라받침(안)

6 몸판에 칼라를 단다

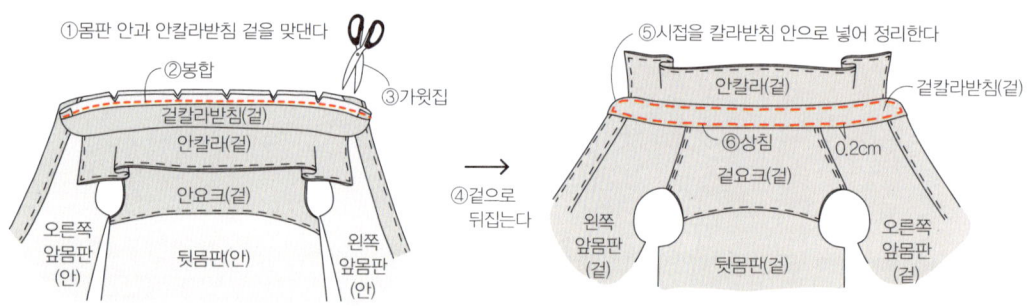

①몸판 안과 안칼라받침 겉을 맞댄다
②봉합
③가윗집
겉칼라받침(겉)
안칼라(겉)
안요크(겉)
오른쪽 앞몸판(안)
뒷몸판(안)
왼쪽 앞몸판(안)

⑤시접을 칼라받침 안으로 넣어 정리한다
안칼라(겉)
겉칼라받침(겉)
⑥상침
0.2cm
④겉으로 뒤집는다
겉요크(겉)
왼쪽 앞몸판(겉)
뒷몸판(겉)
오른쪽 앞몸판(겉)

7 소매 트임을 만든다

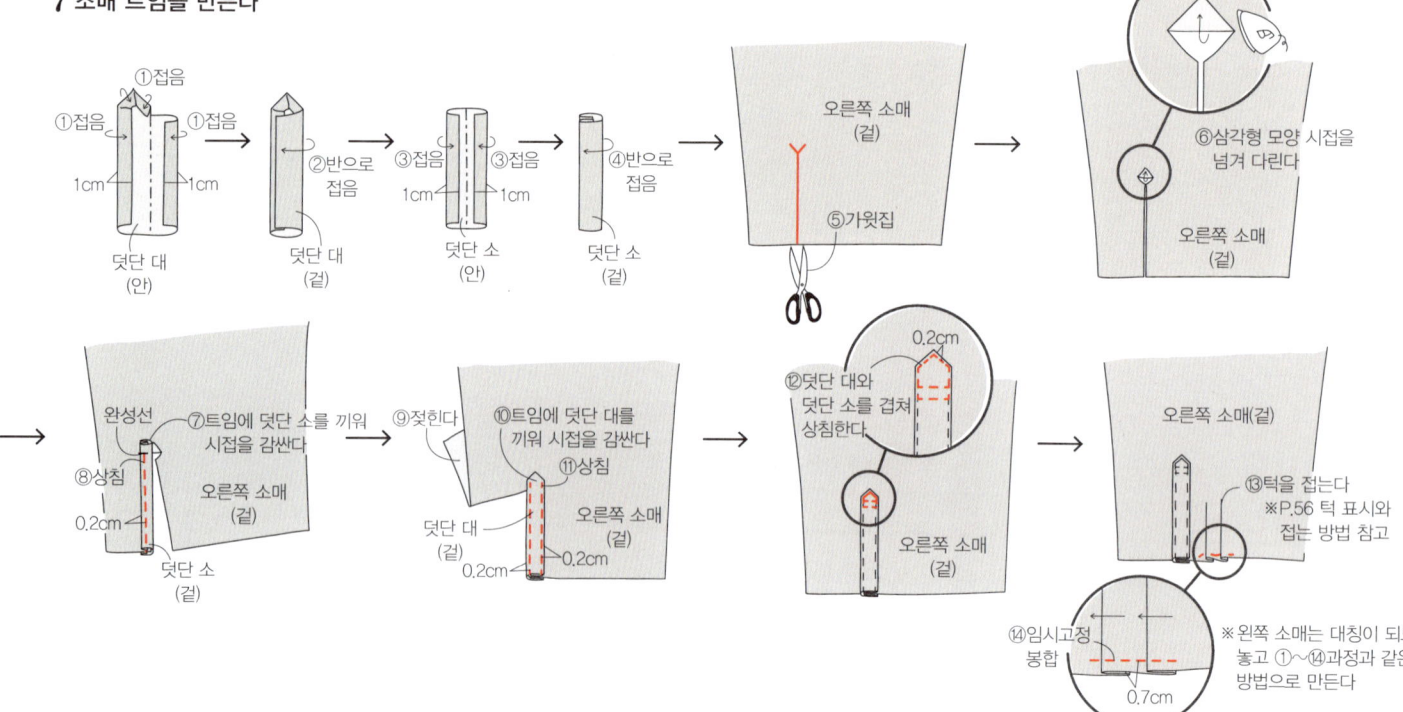

①접음
①접음
①접음
1cm
1cm
덧단 대(안)

②반으로 접음
덧단 대(겉)

③접음
③접음
1cm
1cm
덧단 소(안)

④반으로 접음
덧단 소(겉)

오른쪽 소매(겉)
⑤가윗집

⑥삼각형 모양 시접을 넘겨 다린다
오른쪽 소매(겉)

완성선
⑦트임에 덧단 소를 끼워 시접을 감싼다
⑧상침
0.2cm
오른쪽 소매(겉)
덧단 소(겉)

⑨젖힌다
⑩트임에 덧단 대를 끼워 시접을 감싼다
⑪상침
덧단 대(겉)
오른쪽 소매(겉)
0.2cm

⑫덧단 대와 덧단 소를 겹쳐 상침한다
0.2cm
오른쪽 소매(겉)

오른쪽 소매(겉)
⑬턱을 접는다
※P.56 턱 표시와 접는 방법 참고

⑭임시고정 봉합
0.7cm
※왼쪽 소매는 대칭이 되도록 놓고 ①~⑭과정과 같은 방법으로 만든다

8 몸판에 소매를 단다

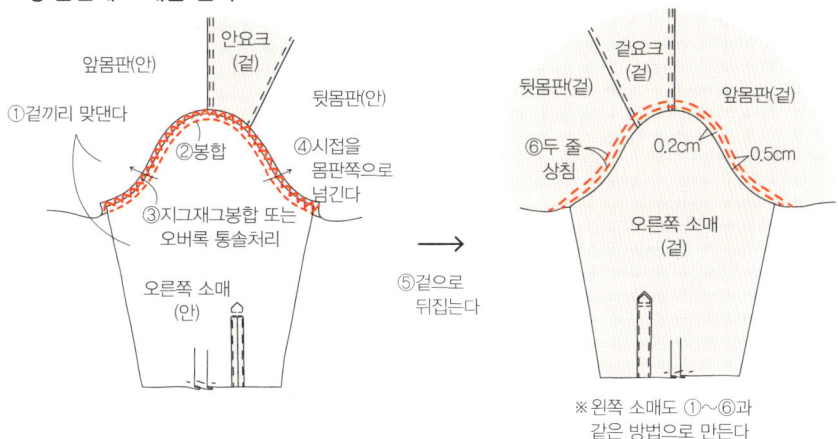

앞몸판(안)
안요크(겉)
뒷몸판(안)
① 겉끼리 맞댄다
② 봉합
④ 시접을 몸판쪽으로 넘긴다
③ 지그재그봉합 또는 오버록 통솔처리
오른쪽 소매(안)

⑤ 겉으로 뒤집는다

뒷몸판(겉)
겉요크(겉)
앞몸판(겉)
⑥ 두 줄 상침
0.2cm
0.5cm
오른쪽 소매(겉)

※ 왼쪽 소매도 ①~⑥과 같은 방법으로 만든다

9 몸판과 소매의 옆선을 한 번에 이어서 봉합한다 (P.68 / 3-①~④ 참고)

10 커프스를 만들어 소매에 단다

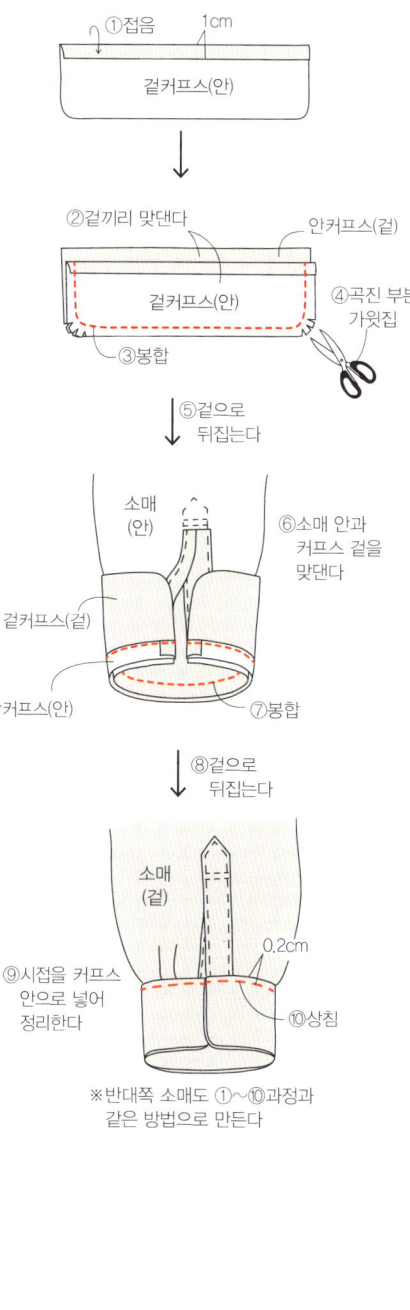

① 접음
1cm
겉커프스(안)

② 겉끼리 맞댄다
안커프스(겉)
겉커프스(안)
③ 봉합
④ 곡진 부분 가윗집

⑤ 겉으로 뒤집는다

소매(안)
⑥ 소매 안과 커프스 겉을 맞댄다
겉커프스(겉)
안커프스(안)
⑦ 봉합

⑧ 겉으로 뒤집는다

소매(겉)
0.2cm
⑨ 시접을 커프스 안으로 넣어 정리한다
⑩ 상침

※ 반대쪽 소매도 ①~⑩과정과 같은 방법으로 만든다

11 몸판의 밑단을 정리한다

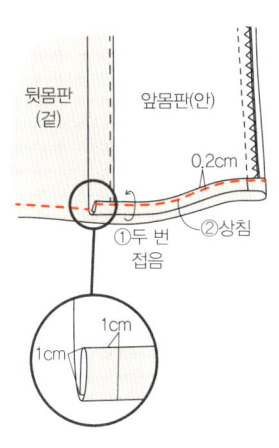

뒷몸판(겉)
앞몸판(안)
0.2cm
② 상침
① 두 번 접음
1cm
1cm

12 몸판, 커프스, 트임덧단에 단춧구멍을 뚫고 단추를 단다

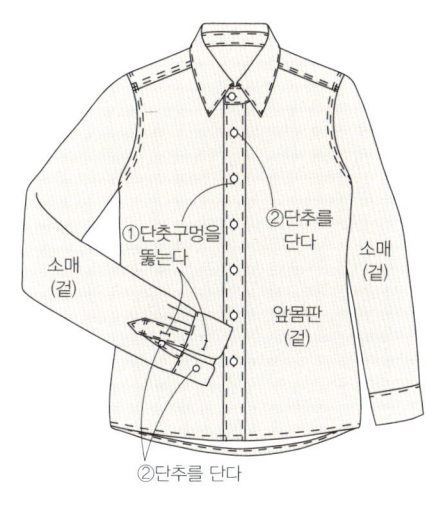

소매(겉)
① 단춧구멍을 뚫는다
② 단추를 단다
소매(겉)
앞몸판(겉)
② 단추를 단다

완성

No.9 캐주얼 셔츠

Page 18 / Pattern A, B면 B-2

[완성사이즈]

사이즈 명칭	95	100	105	110
가슴둘레	111	117	122	128
옷길이	69	72	74	77
소매길이	62	63	64	65

[재료]
· 겉감 110cm×315cm
· 소잉심지 110cm×90cm
· 1.1cm폭 단추 14개

[재단배치도]
· 지정 이외의 시접은 1cm
· ▨ 부분에 소잉심지를 붙인다
· ⋁⋁⋁ 표시된 부분은 지그재그봉제 또는 오버록 처리한다

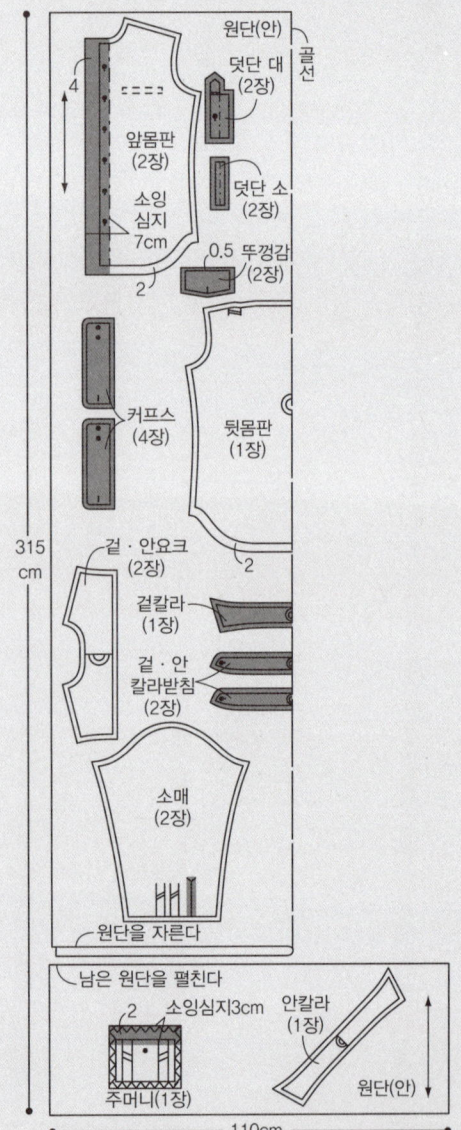

[만드는 순서]

6 칼라를 만든다
7 몸판에 칼라를 단다
5 몸판의 어깨를 봉합한다
2 주머니를 만들어 앞몸판에 단다
4 뒷몸판에 겉·안 요크를 단다
1 앞단을 정리한다
9 몸판에 소매를 단다
11 커프스를 만들어 소매에 단다
3 뒷몸판의 턱을 접는다
8 소매 트임을 만든다
10 몸판과 소매의 옆선을 한 번에 이어서 봉합한다
14 뚜껑감에 단춧구멍을 뚫고 주머니감에 단추를 단다
13 몸판, 커프스, 트임덧단에 단춧구멍을 뚫고 단추를 단다
12 몸판의 밑단을 정리한다

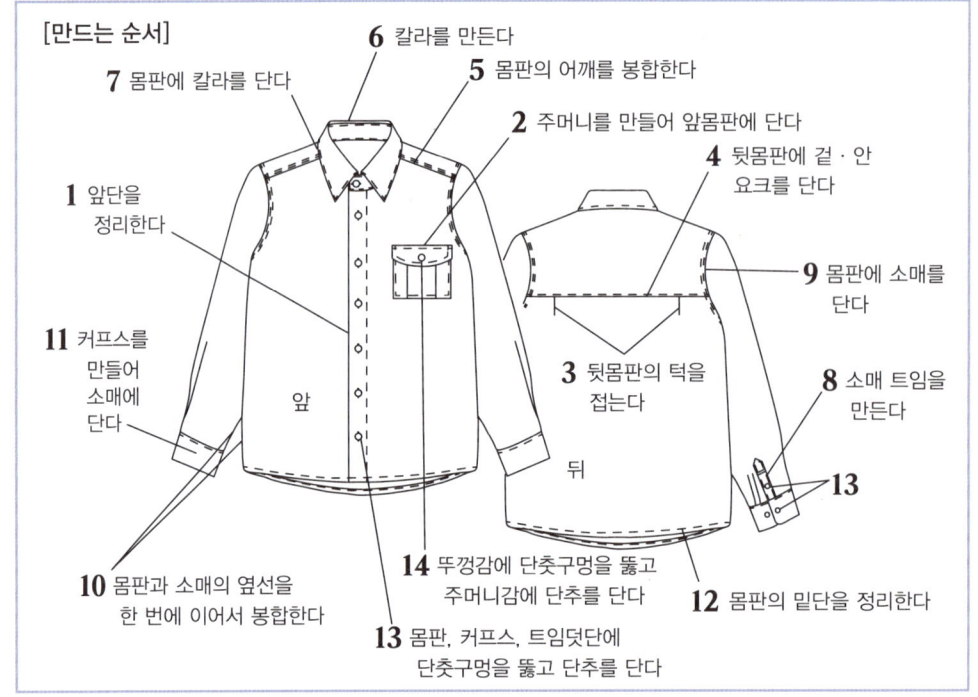

★치수가 기재되어 있지 않은 곳은 1cm로 봉합합니다.

1 앞단을 정리한다

2 주머니를 만들어 앞몸판에 단다

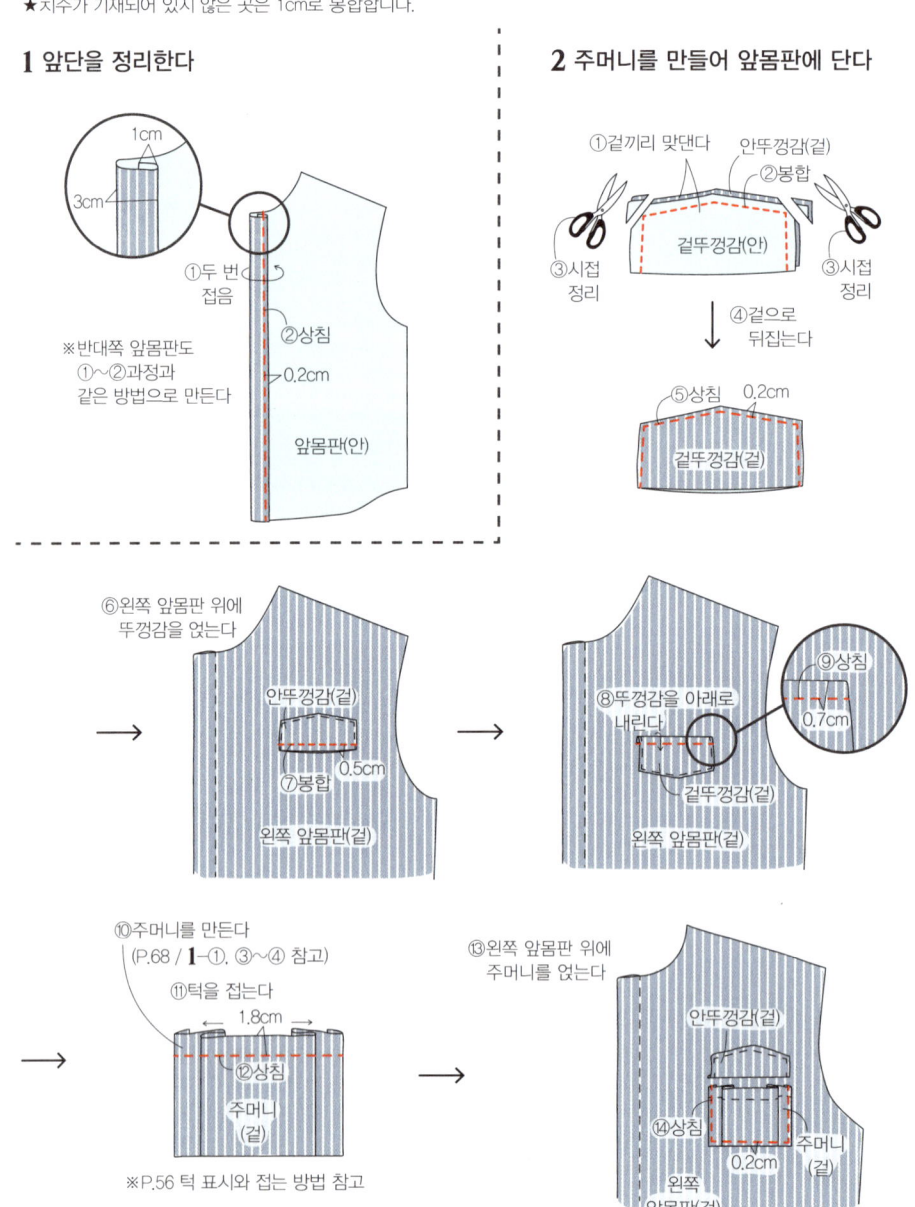

3 뒷몸판의 턱을 접는다

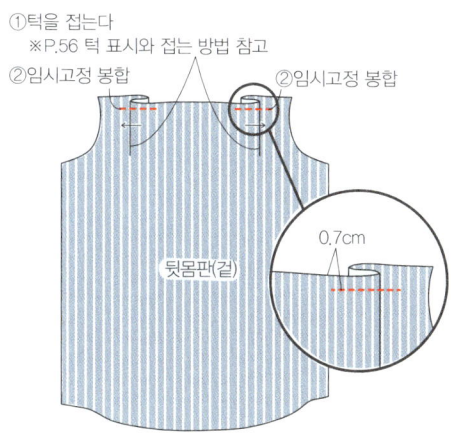

①턱을 접는다
　※P.56 턱 표시와 접는 방법 참고
②임시고정 봉합　　　②임시고정 봉합
뒷몸판(겉)
0.7cm

4 뒷몸판에 겉·안요크를 단다 (P.79 / **3**-①〜⑤ 참고)

5 몸판의 어깨를 봉합한다 (P.80 / **4**-①〜④ 참고)

6 칼라를 만든다 (P.80 / **5**-①〜⑪ 참고)

7 몸판에 칼라를 단다 (P.80 / **6**-①〜⑥ 참고)

8 소매 트임을 만든다 (P.80 / **7**-①〜⑭ 참고)

9 몸판에 소매를 단다 (P.81 / **8**-①〜⑥ 참고)

10 몸판과 소매의 옆선을 한 번에 이어서 봉합한다 (P.68 / **3**-①〜④ 참고)

11 커프스를 만들어 소매에 단다 (P.81 / **10**-①〜⑩ 참고)

12 몸판의 밑단을 정리한다 (P.81 / **11**-①〜② 참고)

13 몸판, 커프스, 트임덧단에 단춧구멍을 뚫고 단추를 단다(커프스에 달리는 단추는 2개 단다)
(P.81 / **12**-①〜② 참고)

14 뚜껑감에 단춧구멍을 뚫고 주머니감에 단추를 단다

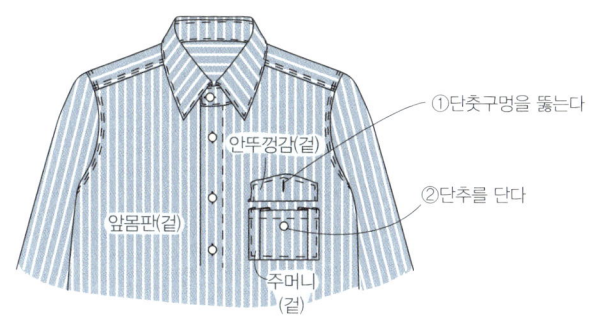

안뚜껑감(겉)
앞몸판(겉)
주머니(겉)
①단춧구멍을 뚫는다
②단추를 단다

완성

No.10 알로하 셔츠

Page 20 / Pattern 성인_C면 B-3
아동_D면 B-3

[완성사이즈]

[성인]

사이즈 명칭	95	100	105	110
가슴둘레	106	111	116	121
옷길이	71	72	75	76
소매길이	29	29.5	30	31

[아동]

사이즈 명칭	90	100	110	120	130
가슴둘레	65	69	73	77	81
옷길이	40	43	47	51	54
소매길이	12	14	15	16	18

[재료_성인]

· 겉감 150cm×225cm
· 소잉심지 110cm×90cm
· 1.1cm폭 단추 4개

[재단배치도_성인]

· 지정 이외의 시접은 1cm
· ■■ 부분에 소잉심지를 붙인다
· 〰〰 표시된 부분은 지그재그봉제 또는 오버록 처리한다
· 주머니는 직접 제도하여 사용합니다.

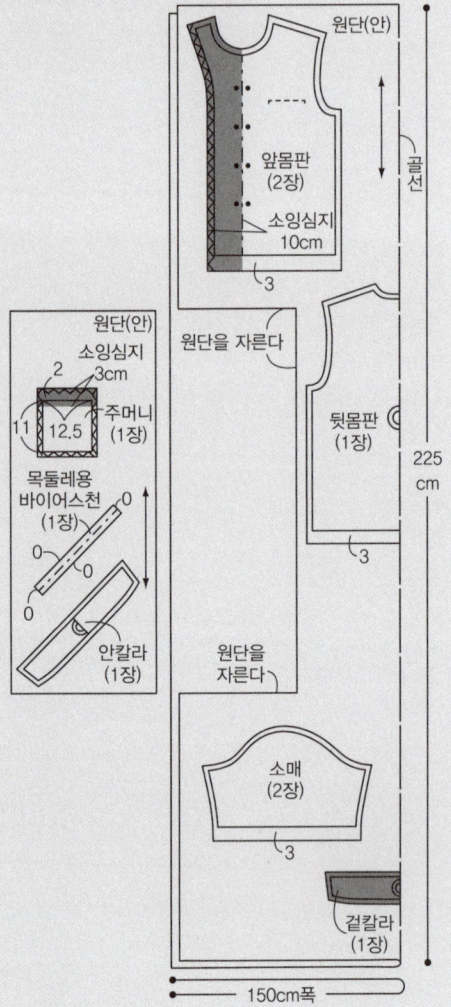

※아동 재료와 재단배치도는 P.85에 있습니다

[만드는 순서]

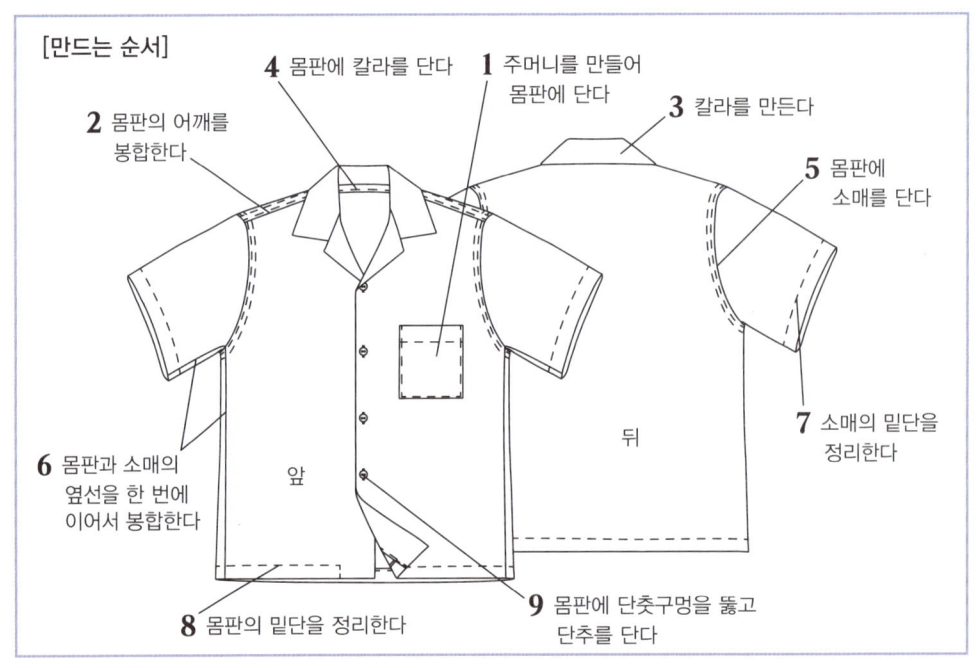

4 몸판에 칼라를 단다
1 주머니를 만들어 몸판에 단다
2 몸판의 어깨를 봉합한다
3 칼라를 만든다
5 몸판에 소매를 단다
6 몸판과 소매의 옆선을 한 번에 이어서 봉합한다
7 소매의 밑단을 정리한다
8 몸판의 밑단을 정리한다
9 몸판에 단춧구멍을 뚫고 단추를 단다

★치수가 기재되어 있지 않은 곳은 1cm로 봉합합니다.

1 주머니를 만들어 몸판에 단다 (P.68 / 1-①~⑥ 참고)

2 몸판의 어깨를 봉합한다

3 칼라를 만든다

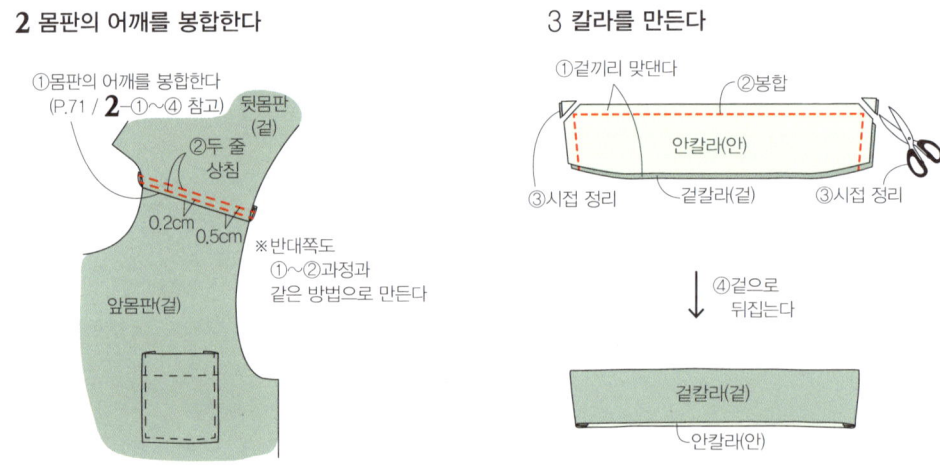

4 몸판에 칼라를 단다

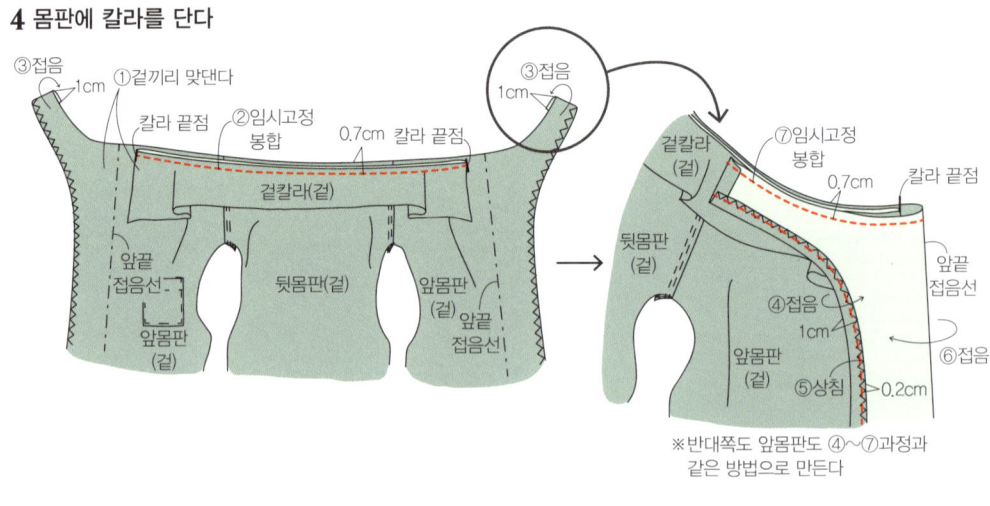

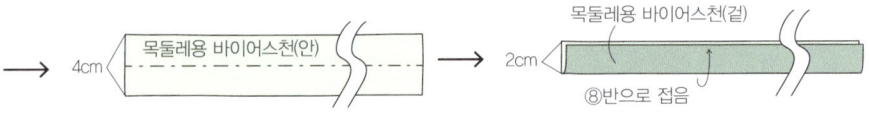

— 84 —

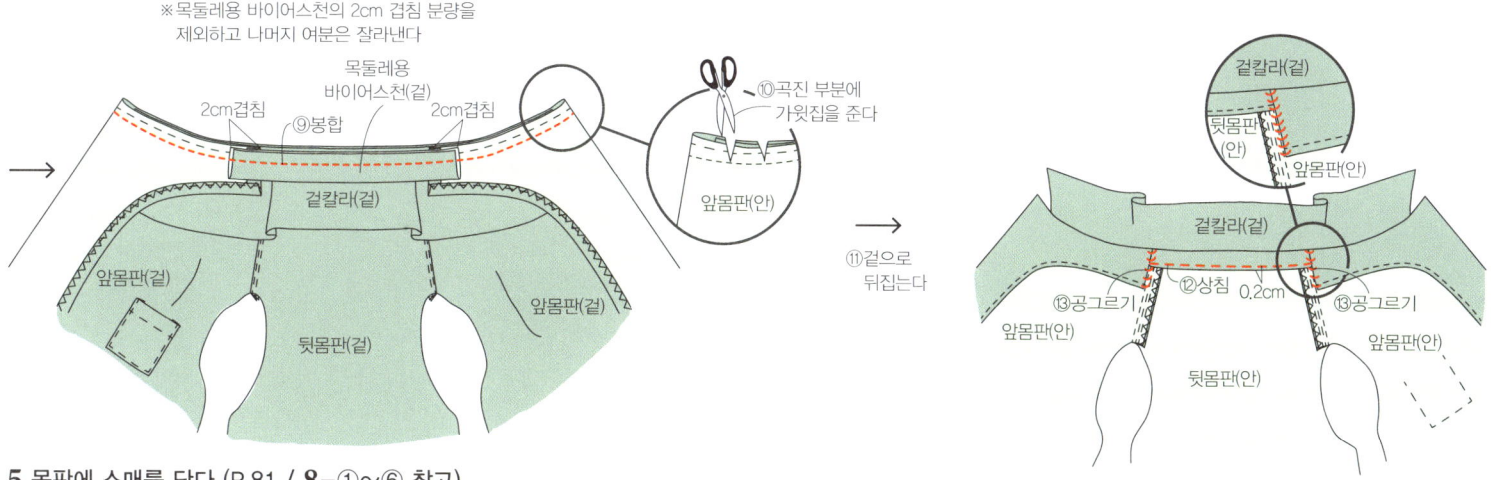

※목둘레용 바이어스천의 2cm 겹침 분량을
제외하고 나머지 여분은 잘라낸다

2cm겹침 목둘레용 바이어스천(겉) 2cm겹침
⑨봉합
겉칼라(겉)
앞몸판(겉)
뒷몸판(겉)
앞몸판(겉)
⑩곡진 부분에 가윗집을 준다
앞몸판(안)

겉칼라(겉)
뒷몸판(안)
앞몸판(안)
⑪겉으로 뒤집는다
겉칼라(겉)
⑬공그르기   ⑫상침 0.2cm   ⑬공그르기
앞몸판(안)
뒷몸판(안)
앞몸판(안)

5 몸판에 소매를 단다 (P.81 / 8-①~⑥ 참고)

6 몸판과 소매의 옆선을 한 번에 이어서 봉합한다 (P.68 / 3-①~④ 참고)

7~8 몸판과 소매의 밑단을 정리한다

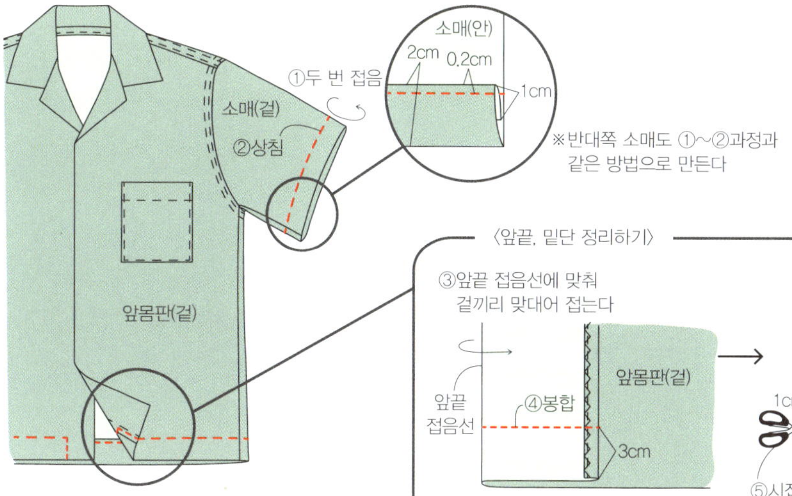

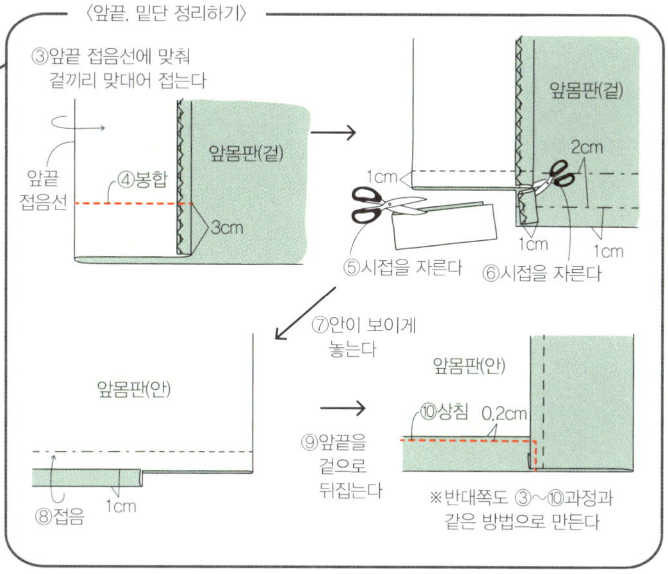

소매(안) 2cm 0.2cm 1cm
①두 번 접음
소매(겉)
②상침
앞몸판(겉)
※반대쪽 소매도 ①~②과정과 같은 방법으로 만든다

[재료_아동]
· 겉감 110cm×180cm
· 소잉심지 110cm×90cm
· 1.1cm폭 단추 4개

[재단배치도_아동]
· 지정 이외의 시접은 1cm
· ▨ 부분에 소잉심지를 붙인다
· ∿ 표시된 부분은 지그재그봉제 또는 오버록으로 처리한다
· 주머니는 직접 제도하여 사용합니다.

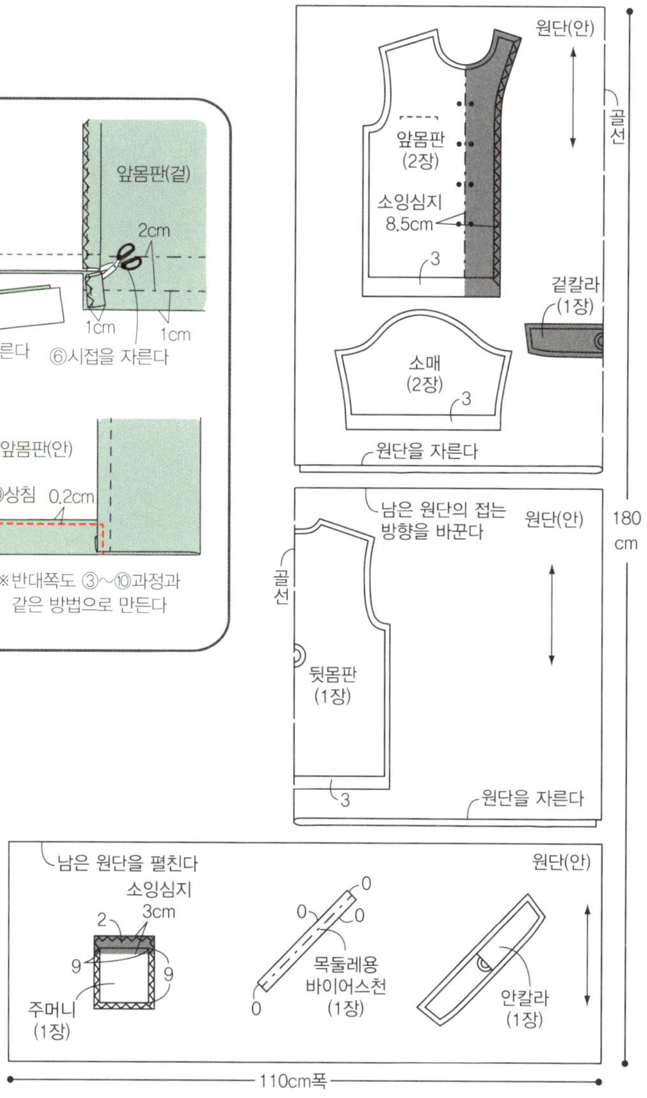

〈앞끝, 밑단 정리하기〉
③앞끝 접음선에 맞춰 겉끼리 맞대어 접는다
앞끝 접음선
④봉합
앞몸판(겉)
3cm
⑤시접을 자른다
1cm
앞몸판(겉)
2cm
1cm 1cm
⑥시접을 자른다
⑦안이 보이게 놓는다
앞몸판(안)
⑩상침 0.2cm
⑨앞끝을 겉으로 뒤집는다
⑧접음 1cm
앞몸판(안)
※반대쪽도 ③~⑩과정과 같은 방법으로 만든다

9 몸판에 단춧구멍을 뚫고 단추를 단다

완성
· 성인
①단춧구멍을 뚫는다
②단추를 단다

· 아동

원단(안)
앞몸판(2장)
소잉심지 8.5cm
3
겉칼라(1장)
소매(2장)
3
원단을 자른다
골선

남은 원단의 접는 방향을 바꾼다
원단(안)
골선
뒷몸판(1장)
3
원단을 자른다
180cm

남은 원단을 펼친다
원단(안)
소잉심지
2 3cm
9
주머니(1장)
목둘레용 바이어스천(1장)
안칼라(1장)
110cm폭

No.11 헨리넥 셔츠

Page 22 / Pattern A, B, D면 B-4

[완성사이즈]

사이즈 명칭	95	100	105	110
가슴둘레	111	117	122	127
옷길이	70	71	74	75
소매길이	62	63	64	65

[재료]
· 겉감 110cm×315cm
· 소잉심지 110cm×90cm
· 1.1cm폭 단추 10개

[재단배치도]
· 지정 이외의 시접은 1cm
· ▬▬ 부분에 소잉심지를 붙인다
· ∿∿ 표시된 부분은 지그재그봉제 또는 오버록 처리한다

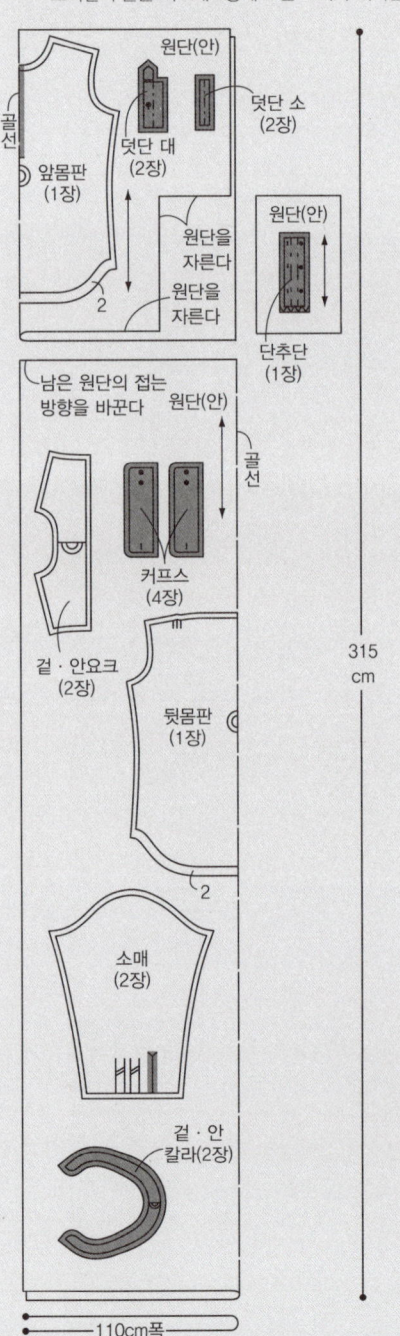

[만드는 순서]

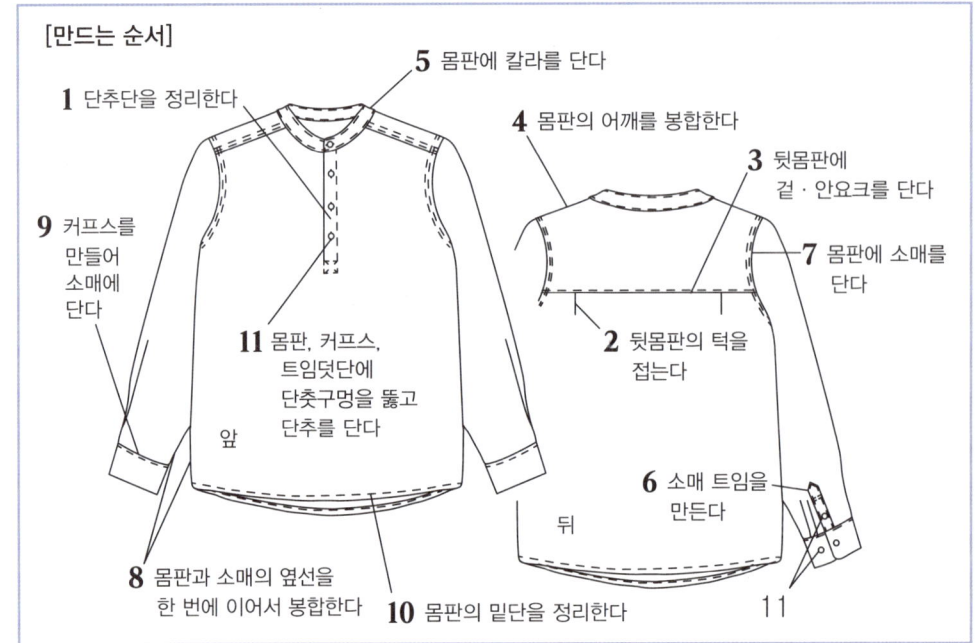

1 단추단을 정리한다
5 몸판에 칼라를 단다
4 몸판의 어깨를 봉합한다
3 뒷몸판에 겉·안요크를 단다
9 커프스를 만들어 소매에 단다
11 몸판, 커프스, 트임덧단에 단춧구멍을 뚫고 단추를 단다
7 몸판에 소매를 단다
2 뒷몸판의 턱을 접는다
6 소매 트임을 만든다
8 몸판과 소매의 옆선을 한 번에 이어서 봉합한다
10 몸판의 밑단을 정리한다

앞   뒤   11

★치수가 기재되어 있지 않은 곳은 1cm로 봉합합니다.

1 단추단을 정리한다

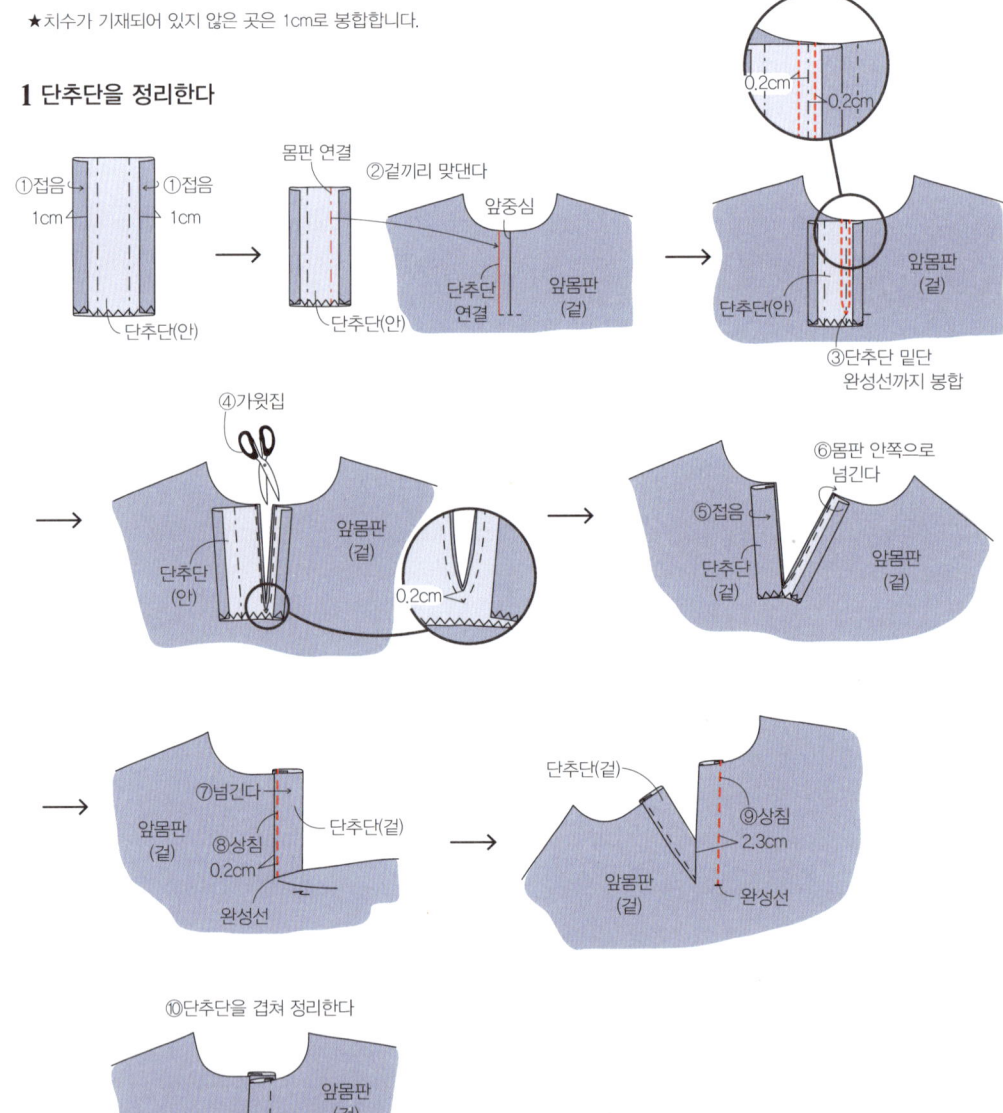

2 뒷몸판의 턱을 접는다 (P.83 / 3-①~② 참고)

3 뒷몸판에 겉·안요크를 단다 (P.79 / 3-①~⑤ 참고)

4 몸판의 어깨를 봉합한다 (P.80 / 4-①~④ 참고)

5 몸판에 칼라를 단다

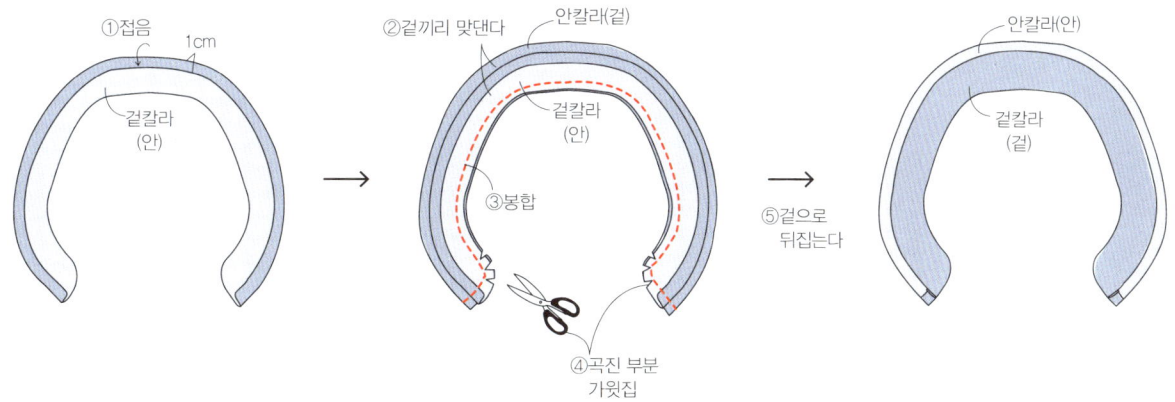

① 접음
1cm
겉칼라(안)

② 겉끼리 맞댄다
안칼라(겉)
겉칼라(안)
③ 봉합
④ 곡진 부분 가윗집

⑤ 겉으로 뒤집는다

안칼라(안)
겉칼라(겉)

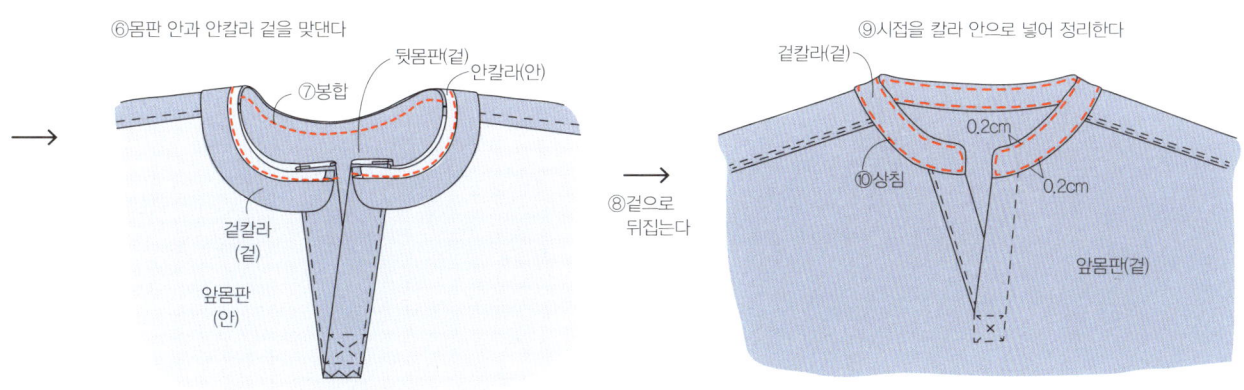

⑥ 몸판 안과 안칼라 겉을 맞댄다
뒷몸판(겉)
⑦ 봉합
안칼라(안)
겉칼라(겉)
앞몸판(안)

⑧ 겉으로 뒤집는다

⑨ 시접을 칼라 안으로 넣어 정리한다
겉칼라(겉)
0.2cm
⑩ 상침
0.2cm
앞몸판(겉)

6 소매 트임을 만든다 (P.80 / **7**-①~⑭ 참고)

7 몸판에 소매를 단다 (P.81 / **8**-①~⑥ 참고)

8 몸판과 소매의 옆선을 한 번에 이어서 봉합한다 (P.68 / **3**-①~④ 참고)

9 커프스를 만들어 소매에 단다 (P.81 / **10**-①~⑩ 참고)

10 몸판의 밑단을 정리한다 (P.81 / **11**-①~② 참고)

11 몸판, 커프스, 트임덧단에 단춧구멍을 뚫고 단추를 단다
 (커프스에 달리는 단추는 2개 단다) (P.81 / **12**-①~② 참고)

완성

No.12 밴딩 팬츠

긴바지

Page 24 / Pattern A면 C-1

[완성사이즈]

명칭\사이즈	95	100	105	110
옷길이	97	98	100	101
허리둘레	103	109	114	120

※허리둘레는 고무줄을 달기 전 사이즈입니다.

[재료]
· 겉감 150cm×270cm
· 소잉심지 15cm×130cm
· 1.2cm폭 소잉테이프 심지 1팩
· 3cm폭 고무줄 1팩

[재단배치도]
· 지정 이외의 시접은 1cm
· ▉ 부분에 소잉심지를 붙인다
· ▉ 부분에 소잉테이프 심지를 붙인다

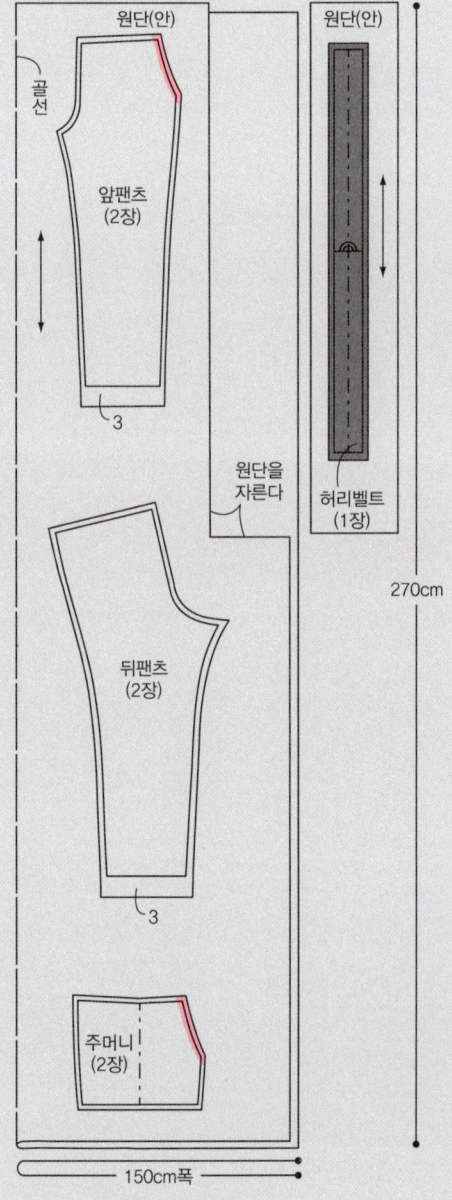

[만드는 순서]

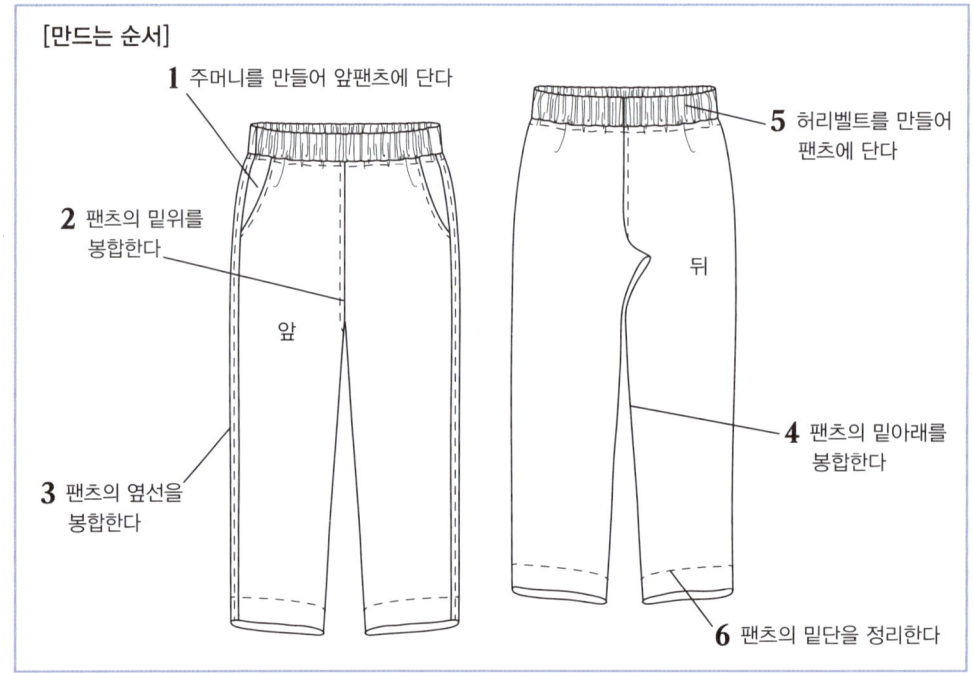

1 주머니를 만들어 앞팬츠에 단다
2 팬츠의 밑위를 봉합한다
3 팬츠의 옆선을 봉합한다
4 팬츠의 밑아래를 봉합한다
5 허리벨트를 만들어 팬츠에 단다
6 팬츠의 밑단을 정리한다

★치수가 기재되어 있지 않은 곳은 1cm로 봉합합니다.

1 주머니를 만들어 앞팬츠에 단다

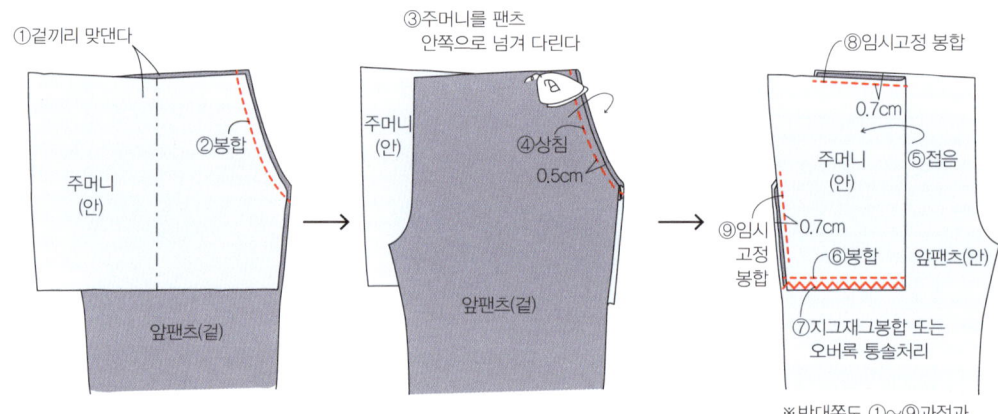

①겉끼리 맞댄다
②봉합
③주머니를 팬츠 안쪽으로 넘겨 다린다
④상침 0.5cm
⑤접음
⑥봉합
⑦지그재그봉합 또는 오버록 통솔처리
⑧임시고정 봉합 0.7cm
⑨임시고정 봉합 0.7cm

※반대쪽도 ①~⑨과정과 같은 방법으로 만든다

2 팬츠의 밑위를 봉합한다

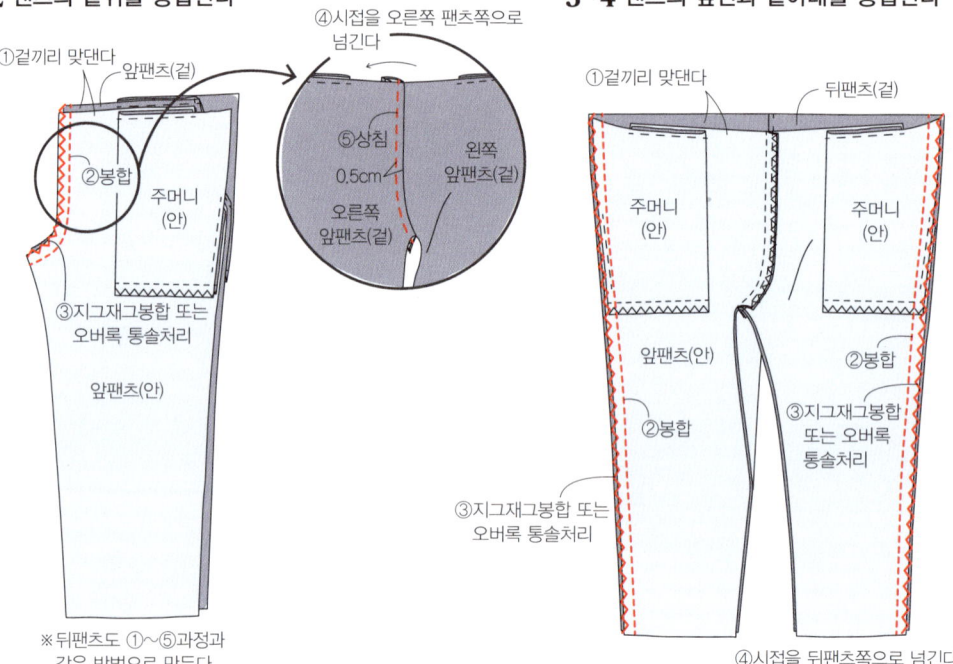

①겉끼리 맞댄다
②봉합
③지그재그봉합 또는 오버록 통솔처리
④시접을 오른쪽 팬츠쪽으로 넘긴다
⑤상침 0.5cm

※뒤팬츠도 ①~⑤과정과 같은 방법으로 만든다

3~4 팬츠의 옆선과 밑아래를 봉합한다

①겉끼리 맞댄다
②봉합
③지그재그봉합 또는 오버록 통솔처리
④시접을 뒤팬츠쪽으로 넘긴다

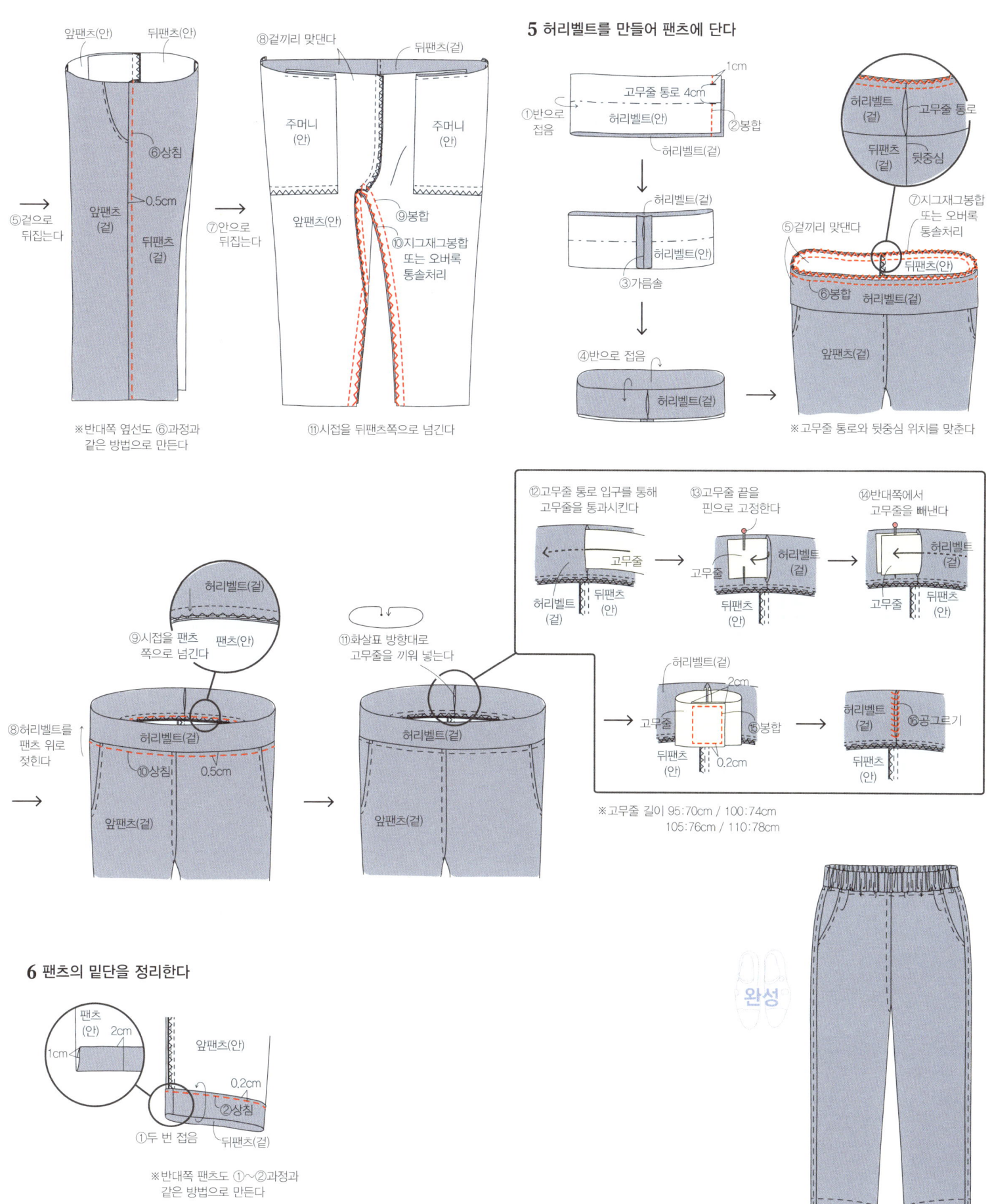

5 허리벨트를 만들어 팬츠에 단다

⑧겉끼리 맞댄다
뒤팬츠(겉)

앞팬츠(안)
뒤팬츠(안)
⑥상침
0.5cm
앞팬츠(겉)
뒤팬츠(겉)
⑤겉으로 뒤집는다
⑦안으로 뒤집는다

주머니(안)   주머니(안)
앞팬츠(안)
⑨봉합
⑩지그재그봉합 또는 오버록 통솔처리

※반대쪽 옆선도 ⑥과정과 같은 방법으로 만든다
⑪시접을 뒤팬츠쪽으로 넘긴다

①반으로 접음
고무줄 통로 4cm
1cm
허리벨트(안)
②봉합
허리벨트(겉)

허리벨트(겉)
허리벨트(안)
③가름솔

④반으로 접음
허리벨트(겉)

허리벨트(겉)
고무줄 통로
뒤팬츠(겉) 뒷중심
⑦지그재그봉합 또는 오버록 통솔처리
⑤겉끼리 맞댄다
⑥봉합 허리벨트(겉)
뒤팬츠(안)
앞팬츠(겉)
※고무줄 통로와 뒷중심 위치를 맞춘다

⑫고무줄 통로 입구를 통해 고무줄을 통과시킨다
고무줄
허리벨트(겉) 뒤팬츠(안)

⑬고무줄 끝을 핀으로 고정한다
허리벨트(겉)
고무줄
뒤팬츠(안)

⑭반대쪽에서 고무줄을 빼낸다
허리벨트(겉)
고무줄 뒤팬츠(안)

허리벨트(겉)
허리벨트(겉)
⑨시접을 팬츠 쪽으로 넘긴다
팬츠(안)

⑧허리벨트를 팬츠 위로 젖힌다
허리벨트(겉)
⑩상침 0.5cm
앞팬츠(겉)

⑪화살표 방향대로 고무줄을 끼워 넣는다
허리벨트(겉)
앞팬츠(겉)

허리벨트(겉)
2cm
고무줄
뒤팬츠(안)
⑮봉합
0.2cm

허리벨트(겉)
⑯공그르기
뒤팬츠(안)

※고무줄 길이 95:70cm / 100:74cm
　　　　　　105:76cm / 110:78cm

6 팬츠의 밑단을 정리한다

팬츠(안) 2cm
1cm
앞팬츠(안)
0.2cm
②상침
①두 번 접음
뒤팬츠(겉)

※반대쪽 팬츠도 ①~②과정과 같은 방법으로 만든다

완성

반바지_성인/아동

밴딩 팬츠

Page 24 / Pattern 성인_A면 C-2
아동_B면 C-2

[완성사이즈]

[성인]

명칭 \ 사이즈	95	100	105	110
옷길이	50	51	53	54
허리둘레	103	109	114	120

※허리둘레는 고무줄을 달기 전 사이즈입니다.

[아동]

명칭 \ 사이즈	90	100	110	120	130
옷길이	26	28	30	32	34
허리둘레	60	65	70	75	81

※허리둘레는 고무줄을 달기 전 사이즈입니다.

[재료_성인]
· 겉감 150cm×180cm
· 소잉심지 35cm×130cm
· 1.2cm폭 소잉테이프 심지 1팩
· 3cm폭 고무줄 1팩

[재단배치도_성인]
· 지정 이외의 시접은 1cm
· ■ 부분에 소잉심지를 붙인다
· ▨ 부분에 소잉테이프 심지를 붙인다
· ∿∿ 표시된 부분은 지그재그봉제 또는 오버록 처리한다

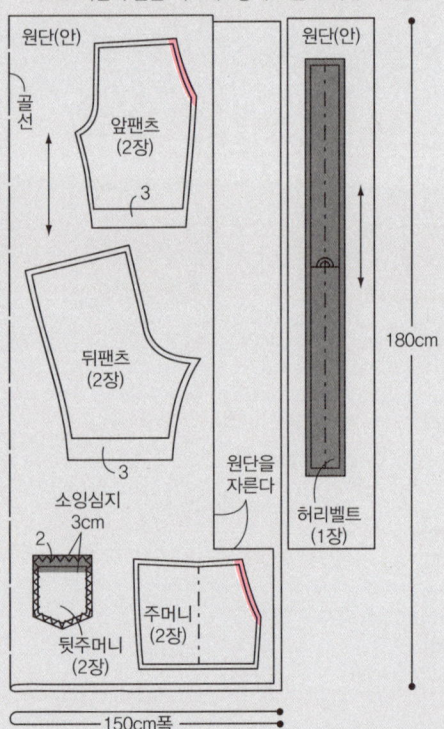

※아동 재료와 재단배치도는 P.91에 있습니다

[만드는 순서_성인]

1 주머니를 만들어 앞팬츠에 단다
3 팬츠의 밑위를 봉합한다
4 팬츠의 옆선을 봉합한다
6 허리벨트를 만들어 팬츠에 단다
2 뒷주머니를 만들어 뒤팬츠에 단다
5 팬츠의 밑아래를 봉합한다
7 팬츠의 밑단을 정리한다

[만드는 순서_아동]

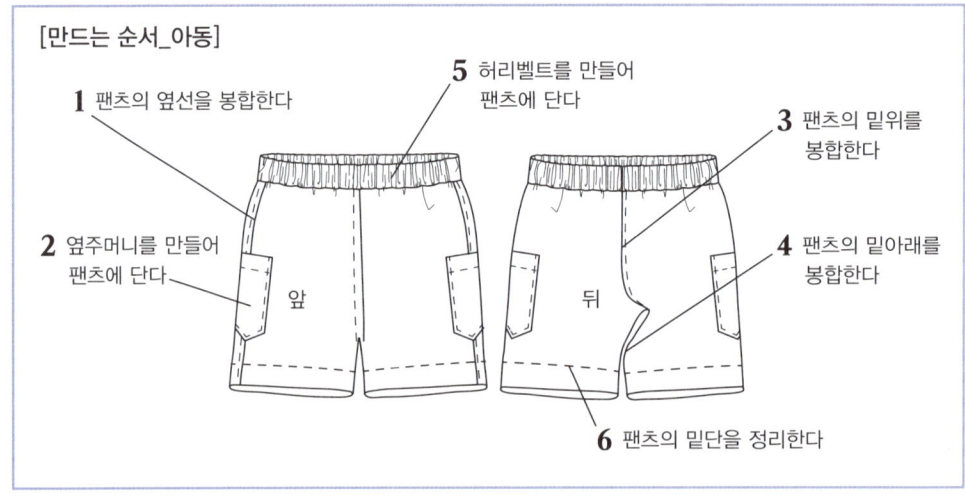

1 팬츠의 옆선을 봉합한다
2 옆주머니를 만들어 팬츠에 단다
5 허리벨트를 만들어 팬츠에 단다
3 팬츠의 밑위를 봉합한다
4 팬츠의 밑아래를 봉합한다
6 팬츠의 밑단을 정리한다

★치수가 기재되어 있지 않은 곳은 1cm로 봉합합니다.

[성인]

1 주머니를 만들어 앞팬츠에 단다 (P.88 / 1-①~⑨ 참고)

2 뒷주머니를 만들어 뒤팬츠에 단다

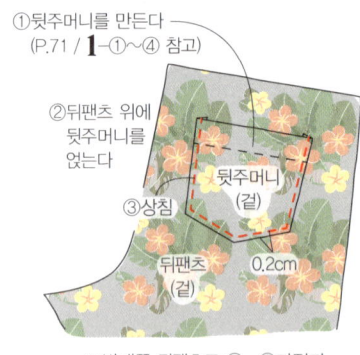

①뒷주머니를 만든다
(P.71 / 1-①~④ 참고)
②뒤팬츠 위에 뒷주머니를 얹는다
③상침
뒷주머니(겉)
뒤팬츠(겉)
0.2cm

※반대쪽 뒤팬츠도 ①~③과정과 같은 방법으로 만든다

3 팬츠의 밑위를 봉합한다 (P.88 / 2-①~⑤ 참고)

4 팬츠의 옆선을 봉합한다 (P.88 / 3~4-①~⑥ 참고)

5 팬츠의 밑아래를 봉합한다 (P.88 / 3~4-⑦~⑪ 참고)

완성

6 허리벨트를 만들어 팬츠에 단다 (P.89 / 5-①~⑯ 참고)

※성인 허리벨트 고무줄 통로: 4cm

※성인 고무줄 길이 95:70cm / 100:74cm
105:76cm / 110:78cm

7 팬츠의 밑단을 정리한다 (P.89 / 6-①~② 참고)

[아동]

1 팬츠의 옆선을 봉합한다

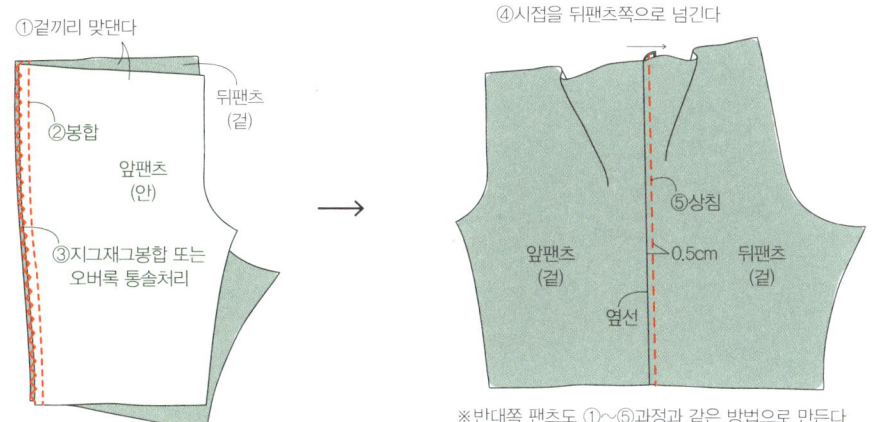

①겉끼리 맞댄다
뒤팬츠(겉)
②봉합
앞팬츠(안)
③지그재그봉합 또는 오버록 통솔처리

④시접을 뒤팬츠쪽으로 넘긴다
⑤상침
0.5cm
앞팬츠(겉) 뒤팬츠(겉)
옆선

※반대쪽 팬츠도 ①~⑤과정과 같은 방법으로 만든다

2 옆주머니를 만들어 팬츠에 단다

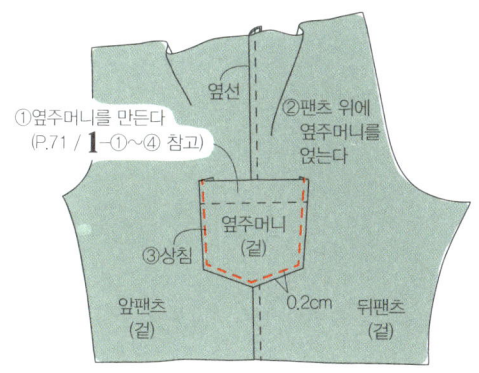

①옆주머니를 만든다 (P.71 / 1-①~④ 참고)
옆선
②팬츠 위에 옆주머니를 얹는다
③상침
옆주머니(겉)
0.2cm
앞팬츠(겉) 뒤팬츠(겉)

※반대쪽 팬츠도 ①~③과정과 같은 방법으로 만든다

3 팬츠의 밑위를 봉합한다

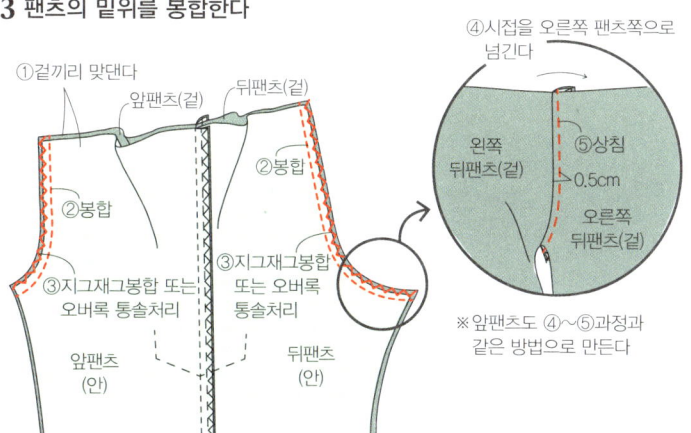

①겉끼리 맞댄다
앞팬츠(겉) 뒤팬츠(겉)
②봉합
②봉합
③지그재그봉합 또는 오버록 통솔처리
③지그재그봉합 또는 오버록 통솔처리
앞팬츠(안) 뒤팬츠(안)

④시접을 오른쪽 팬츠쪽으로 넘긴다
왼쪽 뒤팬츠(겉)
⑤상침
0.5cm
오른쪽 뒤팬츠(겉)

※앞팬츠도 ④~⑤과정과 같은 방법으로 만든다

4 팬츠의 밑아래를 봉합한다 (P.88 / 3~4-⑧~⑪ 참고)

5 허리벨트를 만들어 팬츠에 단다 (P.89 / 5-①~⑯ 참고)

※아동 허리벨트 고무줄 통로 : 3.5cm
※아동 고무줄 길이 90:36cm / 100:38cm
110:40cm / 120:42cm
130:44cm

6 팬츠의 밑단을 정리한다 (P.89 / 6-①~② 참고)

완성

[재료_아동]
· 겉감 110m×90cm
· 소잉심지 30cm×90cm
· 1.2cm폭 소잉테이프 심지 1팩
· 2.5cm폭 고무줄 1팩

[재단배치도_아동]
· 지정 이외의 시접은 1cm
· ▦ 부분에 소잉심지를 붙인다
· ⋁⋁⋁ 표시된 부분은 지그재그봉제 또는 오버록 처리한다

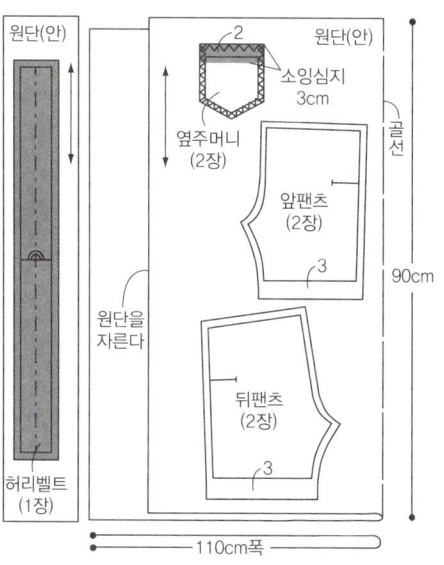

원단(안)
원단(안)
2
소잉심지 3cm
옆주머니(2장)
골선
앞팬츠(2장)
3
원단을 자른다
뒤팬츠(2장)
3
90cm
허리벨트(1장)
110cm폭

No.14 슬랙스

Page 26 / Pattern B, D면 C-3

[완성사이즈]

명칭＼사이즈	95	100	105	110
옷길이	99	100	103	104
허리둘레	80	86	92	98

[재료]
· 겉감 150cm×225cm
· 주머니 안감 110cm×45cm
· 소잉심지 45cm×140cm
· 1.2cm폭 소잉테이프 심지 1팩
· 23cm길이 바지지퍼 1개
· 후크 1쌍
· 1.8cm 폭 단추 1개

[재단배치도]
· 지정 이외의 시접은 1cm
· ▇ 부분에 소잉심지를 붙인다
· ▨ 부분에 소잉테이프 심지를 붙인다
· ⌇⌇ 표시된 부분은 지그재그봉제 또는 오버록 처리한다
· 벨트 고리감은 직접 제도하여 사용합니다.

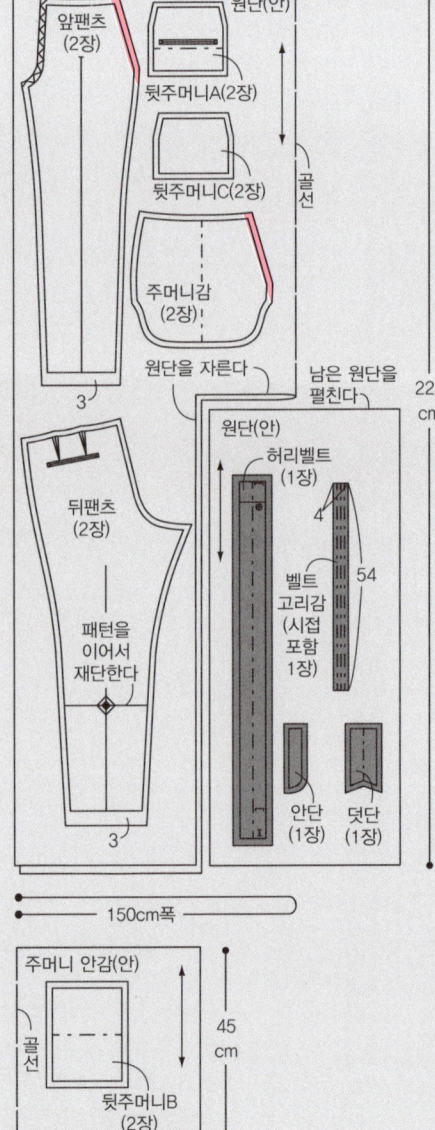

[만드는 순서]

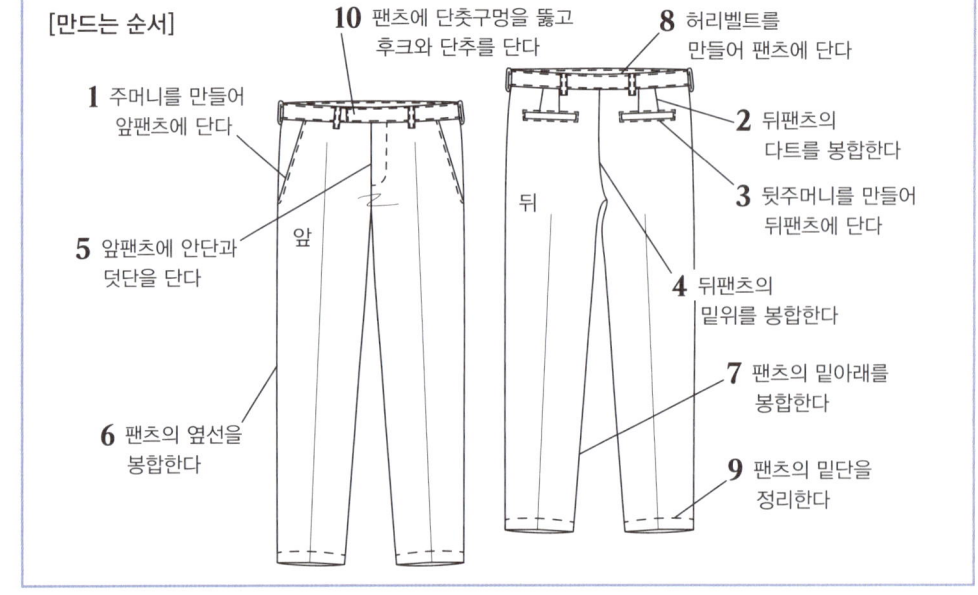

1 주머니를 만들어 앞팬츠에 단다
2 뒤팬츠의 다트를 봉합한다
3 뒷주머니를 만들어 뒤팬츠에 단다
4 뒤팬츠의 밑위를 봉합한다
5 앞팬츠에 안단과 덧단을 단다
6 팬츠의 옆선을 봉합한다
7 팬츠의 밑아래를 봉합한다
8 허리벨트를 만들어 팬츠에 단다
9 팬츠의 밑단을 정리한다
10 팬츠에 단춧구멍을 뚫고 후크와 단추를 단다

★치수가 기재되어 있지 않은 곳은 1cm로 봉합합니다.

1 주머니를 만들어 앞팬츠에 단다 (P.88 / 1-①~⑨ 참고)

2~3 뒤팬츠에 다트를 봉합하고, 뒷주머니를 만들어 뒤팬츠에 단다

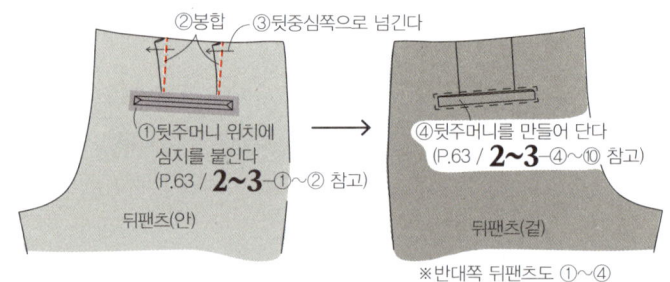

4 뒤팬츠의 밑위를 봉합한다 (P.63 / 4-① 참고)

5 앞팬츠에 안단과 덧단을 단다 (P.64 / 5-①~⑪ 참고)

6~7 팬츠의 옆선과 밑아래를 봉합한다 (P.64 / 6~7-① 참고)

8 허리벨트를 만들어 팬츠에 단다

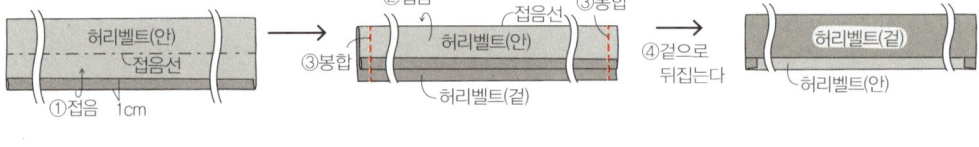

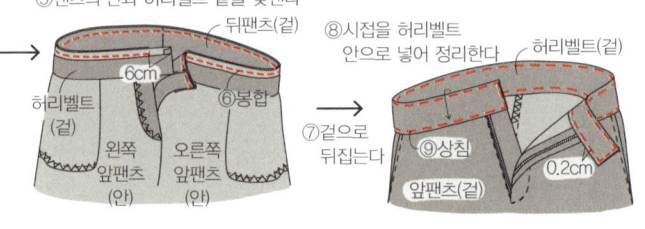

9 팬츠의 밑단을 정리한다 (P.65 / 9-① 참고)

10 팬츠에 단춧구멍을 뚫고 후크와 단추를 단다

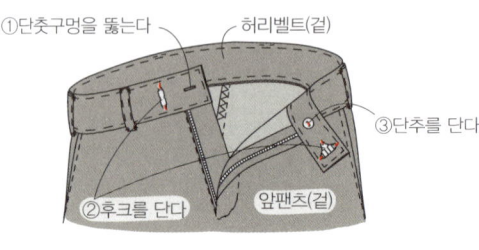

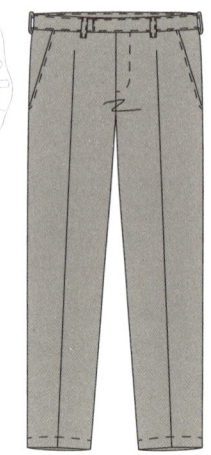

[완성사이즈]

[성인]

명칭 \ 사이즈	95	100	105	110
옷길이	101	102	104	106
허리둘레	91	97	103	109

※ 허리둘레는 고무줄을 달기 전 사이즈입니다.

[아동]

명칭 \ 사이즈	90	100	110	120	130
옷길이	50	54	59	65	71
허리둘레	59	64	70	75	81

※ 허리둘레는 고무줄을 달기 전 사이즈입니다.

[재료_성인]
· 겉감 150cm×225cm
· 시보리감 160cm×20cm
· 소잉심지 10cm×10cm
· 1.2cm폭 소잉테이프 심지
· 3.5cm폭 고무줄 1팩
· 5호 아일렛 2쌍
· 1cm폭 납짝 스트링끈 1팩

[재료_아동]
· 겉감 110cm×135cm
· 시보리감 110cm×20cm
· 소잉심지 10cm×10cm
· 1.2cm폭 소잉테이프 심지
· 2.5cm폭 고무줄 1팩
· 5호 아일렛 2쌍
· 0.6cm폭 둥근 스트링끈 1팩

[재단배치도]
· 지정 이외의 시접은 1cm
· ■ 부분에 소잉심지를 붙인다
· ▨ 부분에 소잉테이프 심지를 붙인다
· ⋙ 표시된 부분은 지그재그봉제 또는 오버록 처리한다

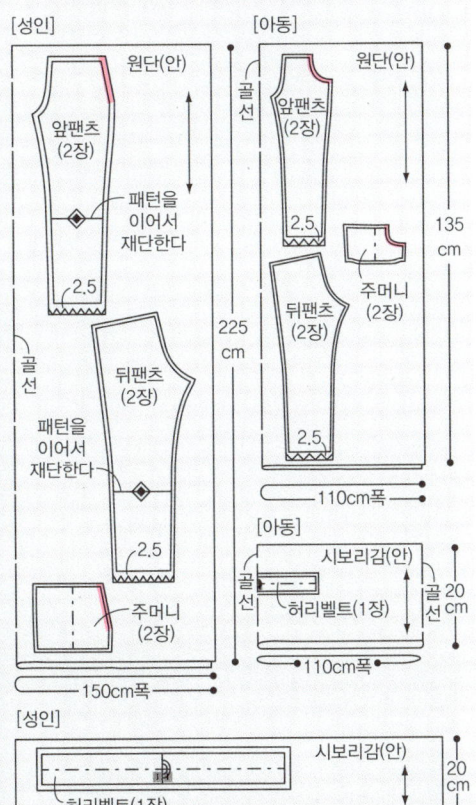

[성인] / [아동]

[만드는 순서]

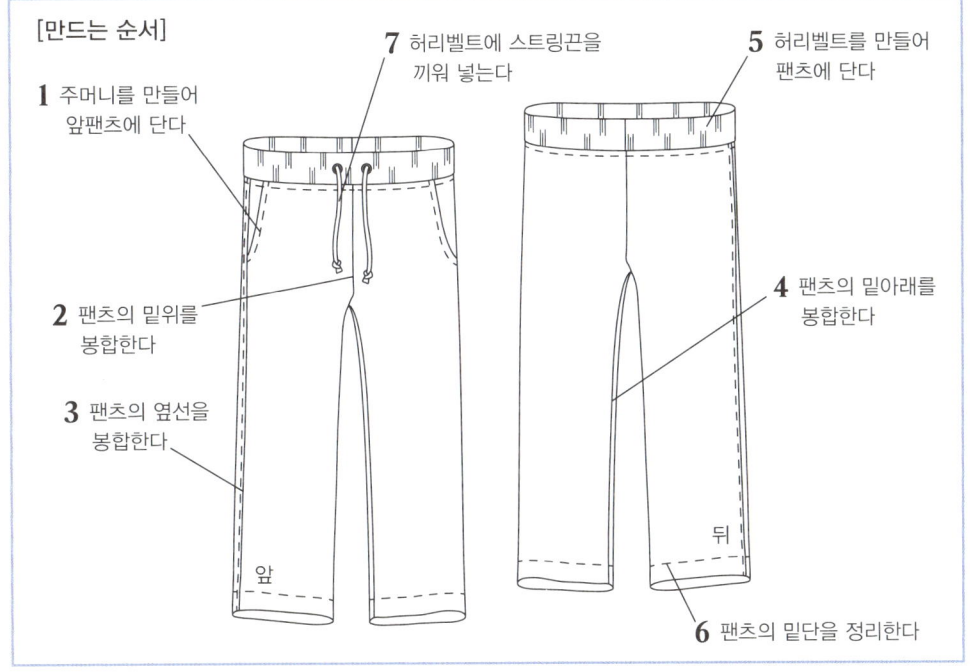

1 주머니를 만들어 앞팬츠에 단다
7 허리벨트에 스트링끈을 끼워 넣는다
2 팬츠의 밑위를 봉합한다
3 팬츠의 옆선을 봉합한다
앞
5 허리벨트를 만들어 팬츠에 단다
4 팬츠의 밑아래를 봉합한다
6 팬츠의 밑단을 정리한다
뒤

★ 치수가 기재되어 있지 않은 곳은 1cm로 봉합합니다.

1 주머니를 만들어 앞팬츠에 단다 (P.88 / 1-①~⑨ 참고)

2 팬츠의 밑위를 봉합한다 (P.88 / 2-①~④ 참고)

3 팬츠의 옆선을 봉합한다 (P.88 / 3~4-①~⑥ 참고)

4 팬츠의 밑아래를 봉합한다 (P.88 / 3~4-⑦~⑪ 참고)

5 허리벨트를 만들어 팬츠에 단다

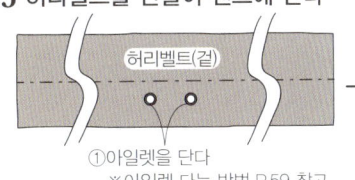

허리벨트(겉)
①아일렛을 단다
※아일렛 다는 방법 P.59 참고

②허리벨트를 만든다
(P.89 / 5-①~④ 참고)
허리벨트(겉)
※성인 허리벨트 고무줄 통로 4.5cm
※아동 허리벨트 고무줄 통로 3cm

③허리벨트를 달고 고무줄을 끼워 넣는다
(P.89 / 5-⑤~⑯ 참고)
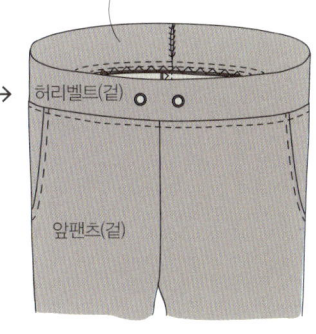
허리벨트(겉)
앞팬츠(겉)

6 팬츠의 밑단을 정리한다

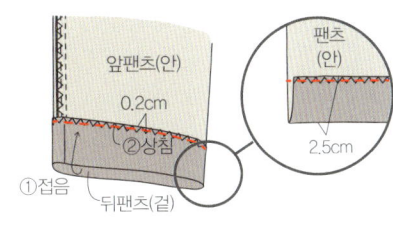

앞팬츠(안)
0.2cm
②상침
①접음
뒤팬츠(겉)
팬츠(안)
2.5cm

※반대쪽 팬츠도 ①~②과정과 같은 방법으로 만든다

※성인 고무줄 길이 95:70cm / 100:74cm
105:76cm / 110:78cm

※아동 고무줄 길이 90:36cm / 100:38cm
110:40cm / 120:42cm
130:44cm

7 허리벨트에 스트링끈을 끼워 넣는다

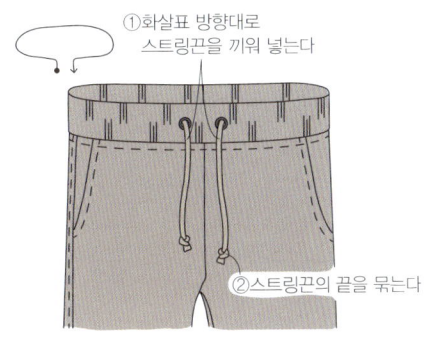

①화살표 방향대로 스트링끈을 끼워 넣는다
②스트링끈의 끝을 묶는다

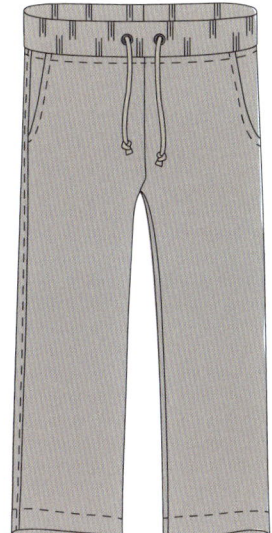

완성

No.17

성인/아동

싱글 코트

Page 32 / Pattern 성인_B, D면 D-1
아동_A면 D-1

[완성사이즈_성인/아동]
※성인/아동 완성사이즈는 P.99에 있습니다.

[재료_성인]
· 겉감 150cm×450cm
· 주머니 안감 110cm×45cm
· 소잉심지 110cm×180cm
· 1.2cm폭 소잉테이프 심지 1팩
· 1cm폭 바이어스테이프 1팩
· 2.5cm폭 단추 4개
· 1.8cm폭 단추 4개

[재단배치도_성인]
· 지정 이외의 시접은 1cm
· ■ 부분에 소잉심지를 붙인다
· ■ 부분에 소잉테이프 심지를 붙인다
· ∿ 표시된 부분은 지그재그봉제 또는 오버록 처리한다
· 주머니 입술감은 직접 제도하여 사용합니다.

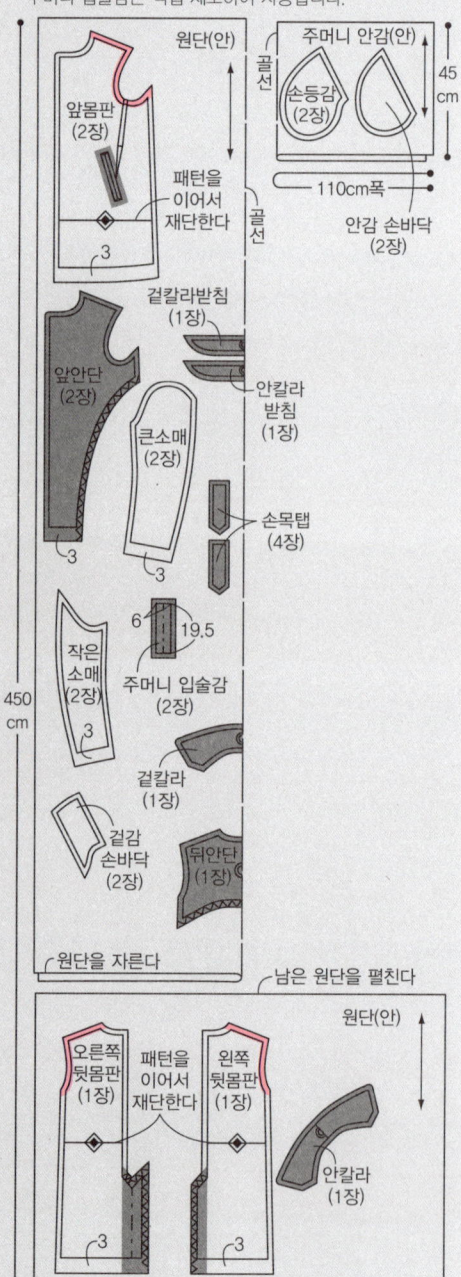

※오른쪽·왼쪽 뒷몸판은 실물크기 패턴에서
각각 베껴 사용합니다
※아동 재료와 재단배치도는 P.99에 있습니다

[만드는 순서]

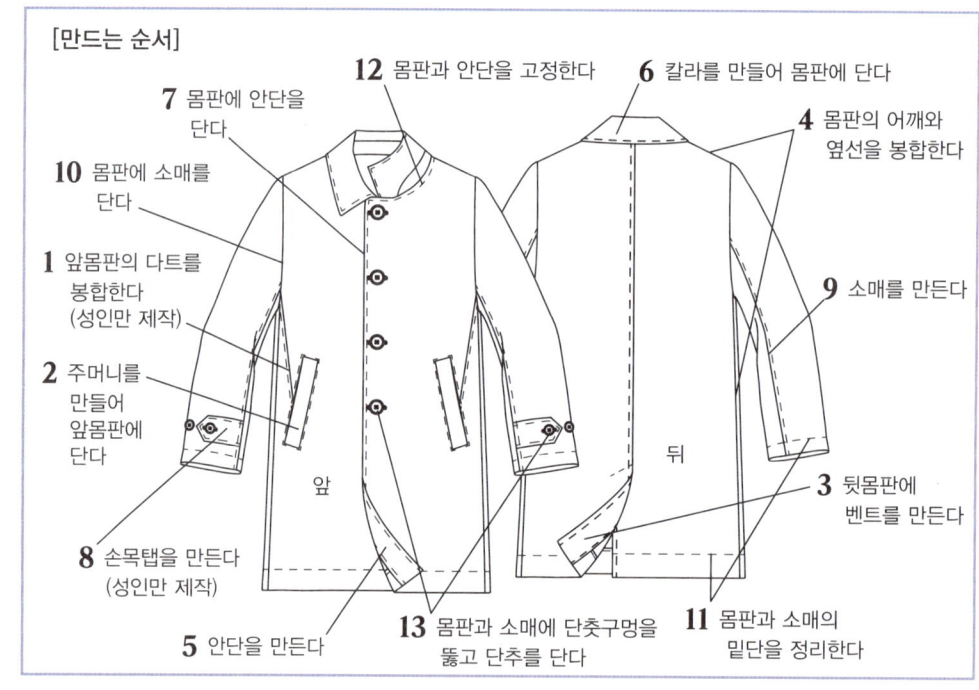

7 몸판에 안단을 단다
12 몸판과 안단을 고정한다
6 칼라를 만들어 몸판에 단다
10 몸판에 소매를 단다
4 몸판의 어깨와 옆선을 봉합한다
1 앞몸판의 다트를 봉합한다 (성인만 제작)
9 소매를 만든다
2 주머니를 만들어 앞몸판에 단다
8 손목탭을 만든다 (성인만 제작)
3 뒷몸판에 벤트를 만든다
5 안단을 만든다
13 몸판과 소매에 단춧구멍을 뚫고 단추를 단다
11 몸판과 소매의 밑단을 정리한다
앞
뒤

★치수가 기재되어 있지 않은 곳은 1cm로 봉합합니다.

1 앞몸판의 다트를 봉합한다 (성인만 제작)

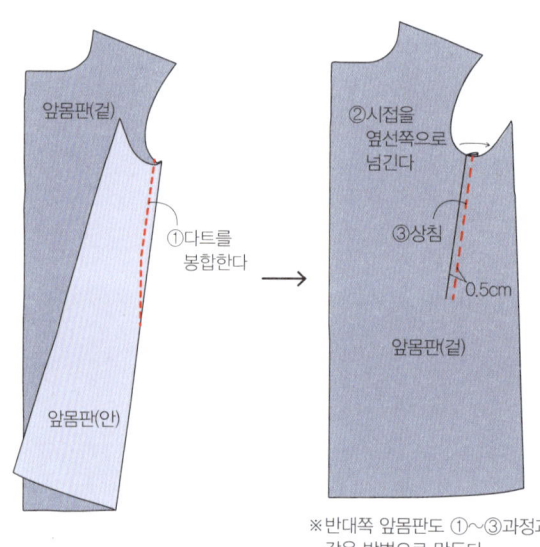

※반대쪽 앞몸판도 ①~③과정과 같은 방법으로 만든다

2 주머니를 만들어 앞몸판에 단다

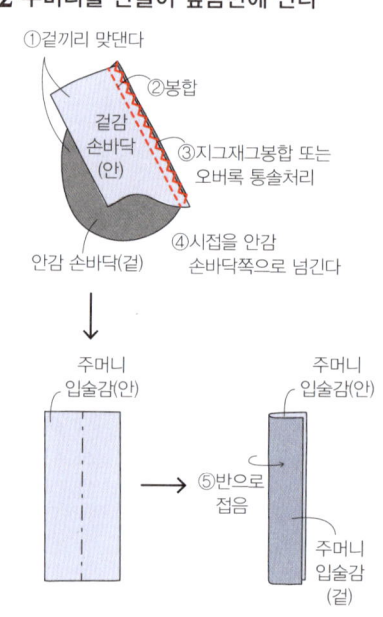

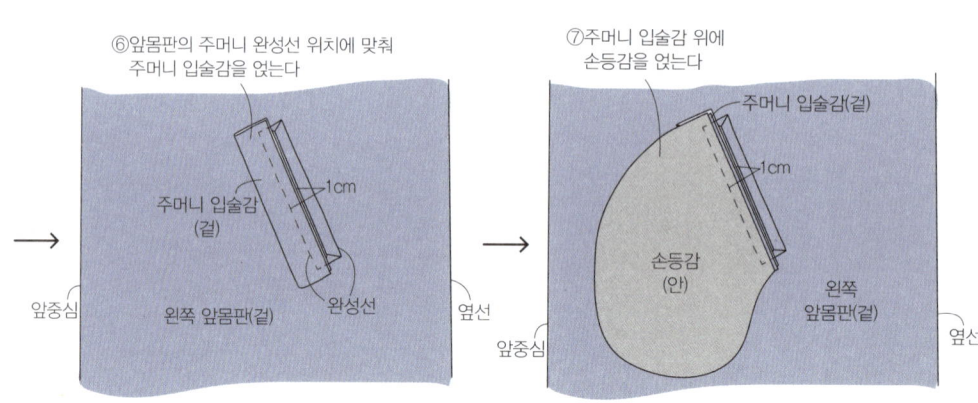

⑥앞몸판의 주머니 완성선 위치에 맞춰 주머니 입술감을 얹는다

⑦주머니 입술감 위에 손등감을 얹는다

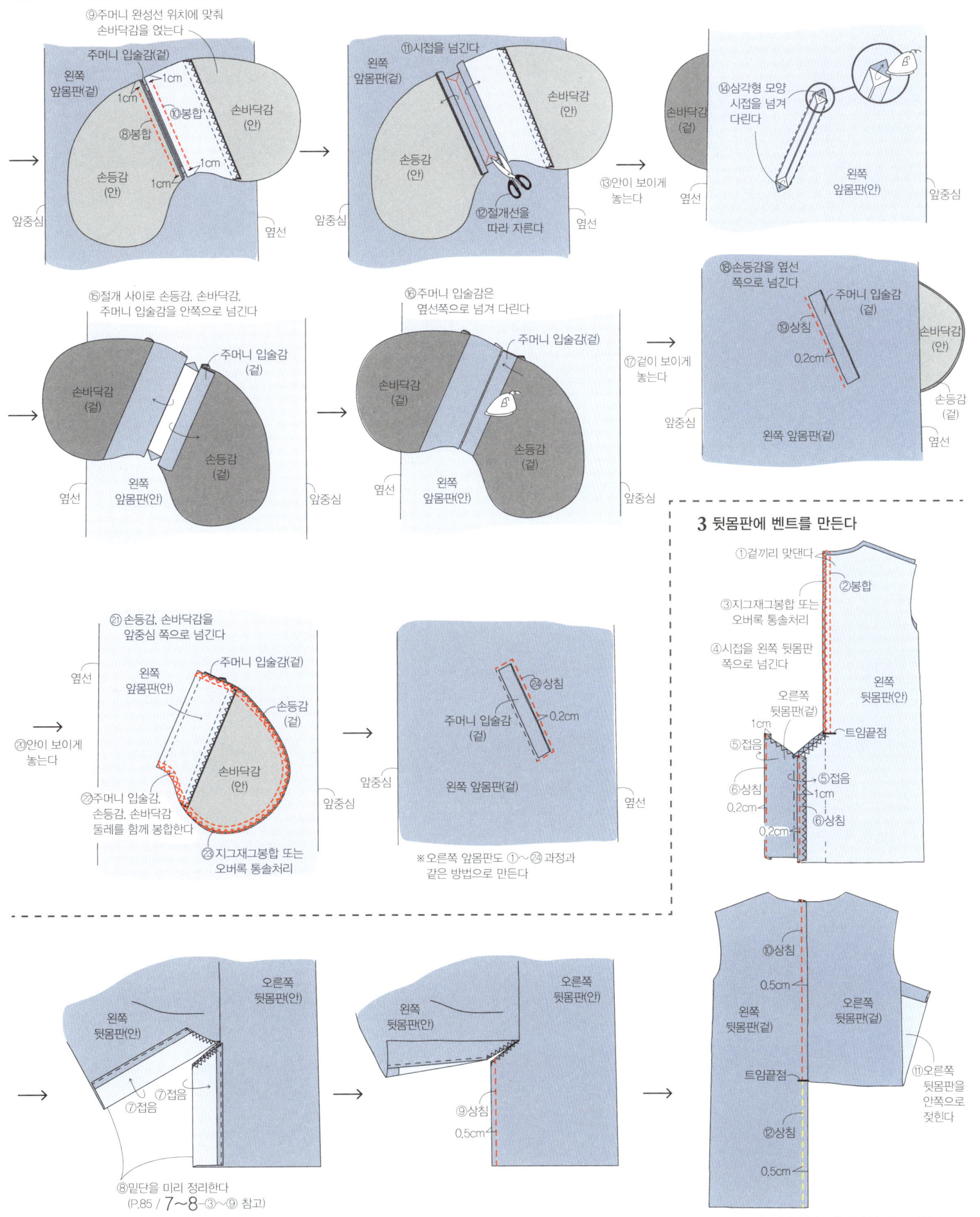

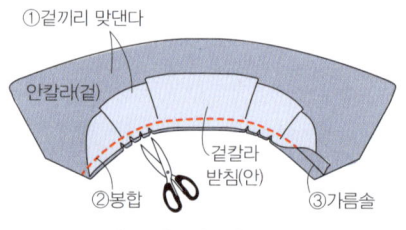

왼쪽
뒷몸판(겉)

오른쪽
뒷몸판(겉)

※안쪽 모습

오른쪽
뒷몸판(안)

트임끝점
0.5cm

왼쪽
뒷몸판(안)

⑬벤트 모양에
맞춰 상침

트임끝점

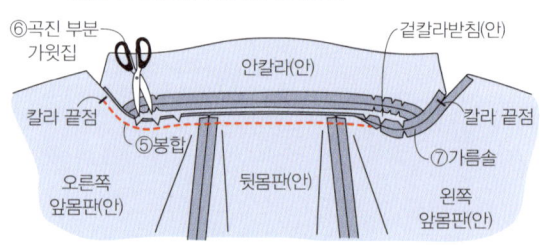

※왼쪽·오른쪽 뒷몸판의 벤트를 잘 겹쳐 상침한다

4 몸판의 어깨와 옆선을 봉합한다

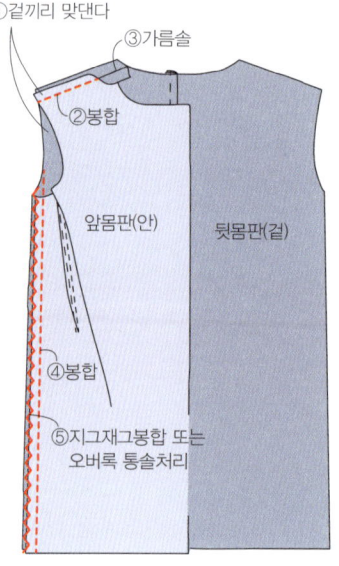

①겉끼리 맞댄다

③가름솔

②봉합

앞몸판(안)

뒷몸판(겉)

④봉합

⑤지그재그봉합 또는
오버록 통솔처리

⑥시접을 뒷몸판쪽으로 넘긴다

※접어 다린 뒷몸판 밑단을 펼친 후 옆선을 봉합한다

※반대쪽도 ①~⑥과정과 같은 방법으로 만든다

5 안단을 만든다

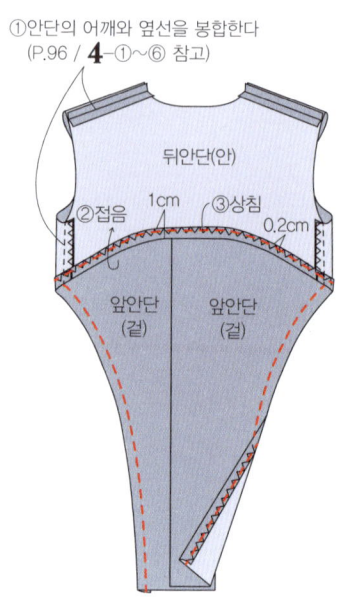

①안단의 어깨와 옆선을 봉합한다
(P.96 / 4-①~⑥ 참고)

뒤안단(안)

②접음   1cm   ③상침   0.2cm

앞안단
(겉)

앞안단
(겉)

6 칼라를 만들어 몸판에 단다

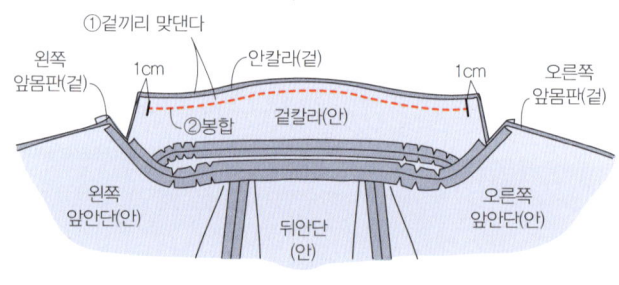

①겉끼리 맞댄다

안칼라(겉)

②봉합

겉칼라
받침(안)

③가름솔

※곡진 부분은 가윗집을 주며 봉합한다
※겉칼라와 안칼라받침도 ①~③과정과
　같은 방법으로 만든다

④몸판과 겉칼라받침을 겉끼리 맞댄다

⑥곡진 부분
가윗집

겉칼라받침(안)

안칼라(안)

칼라 끝점

칼라 끝점

⑤봉합

⑦가름솔

오른쪽
앞몸판(안)

뒷몸판(안)

왼쪽
앞몸판(안)

※칼라 끝점까지만 봉합한다
※안단도 안칼라받침과 겉칼라를 달아
　④~⑦과정과 같은 방법으로 만든다

7 몸판에 안단을 단다

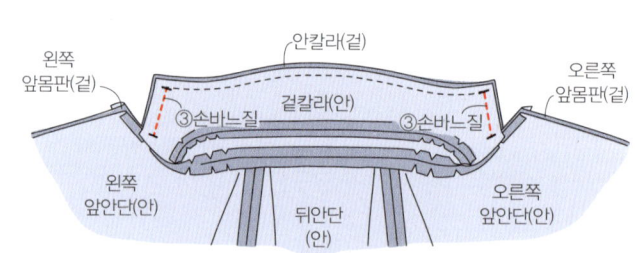

①겉끼리 맞댄다

왼쪽
앞몸판(겉)

1cm

안칼라(겉)

②봉합

겉칼라(안)

1cm

오른쪽
앞몸판(겉)

왼쪽
앞안단(안)

뒤안단
(안)

오른쪽
앞안단(안)

왼쪽
앞몸판(겉)

안칼라(겉)

오른쪽
앞몸판(겉)

③손바느질

겉칼라(안)

③손바느질

왼쪽
앞안단(안)

뒤안단
(안)

오른쪽
앞안단(안)

※각진 부분은 꼼꼼하게 손바느질 한다
　(미싱보다는 손바느질해야 뒤집었을 때
　모양이 잘 나온다)

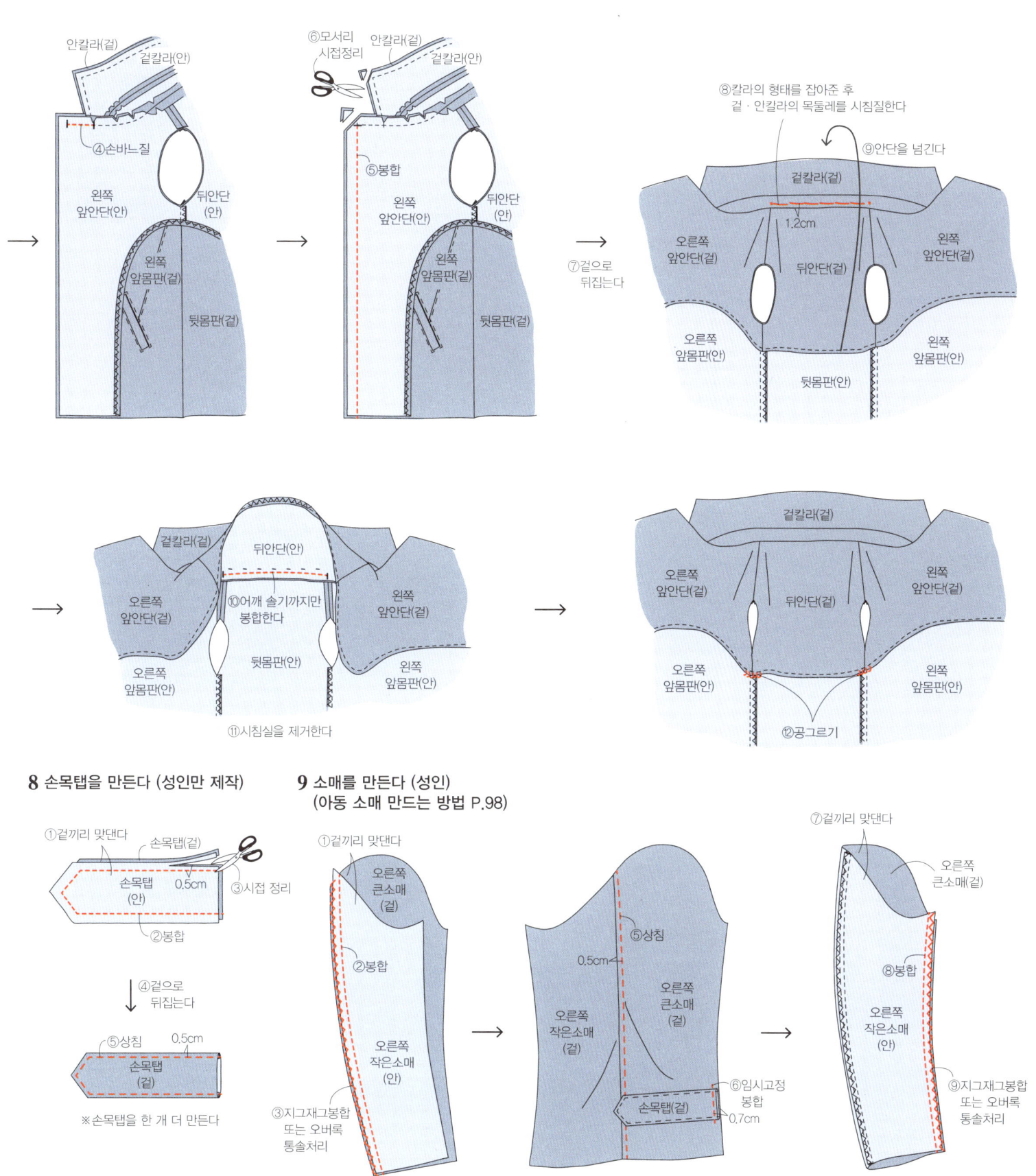

안칼라(겉)
겉칼라(안)
④손바느질
왼쪽 앞안단(안)
뒤안단(안)
왼쪽 앞몸판(겉)
뒷몸판(겉)

⑥모서리 시접정리
안칼라(겉)
겉칼라(안)
⑤봉합
왼쪽 앞안단(안)
뒤안단(안)
왼쪽 앞몸판(겉)
뒷몸판(겉)

⑦겉으로 뒤집는다

⑧칼라의 형태를 잡아준 후 겉·안칼라의 목둘레를 시침질한다
⑨안단을 넘긴다
겉칼라(겉)
1.2cm
오른쪽 앞안단(겉)
뒤안단(겉)
왼쪽 앞안단(겉)
오른쪽 앞몸판(안)
뒷몸판(안)
왼쪽 앞몸판(안)

겉칼라(겉)
뒤안단(안)
오른쪽 앞안단(겉)
왼쪽 앞안단(겉)
⑩어깨 솔기까지만 봉합한다
오른쪽 앞몸판(안)
뒷몸판(안)
왼쪽 앞몸판(안)
⑪시침실을 제거한다

겉칼라(겉)
오른쪽 앞안단(겉)
뒤안단(겉)
왼쪽 앞안단(겉)
오른쪽 앞몸판(안)
왼쪽 앞몸판(안)
⑫공그르기

8 손목탭을 만든다 (성인만 제작)

①겉끼리 맞댄다
손목탭(겉)
손목탭(안)
0.5cm
③시접 정리
②봉합

④겉으로 뒤집는다

⑤상침 0.5cm
손목탭(겉)

※손목탭을 한 개 더 만든다

9 소매를 만든다 (성인)
(아동 소매 만드는 방법 P.98)

①겉끼리 맞댄다
오른쪽 큰소매(겉)
②봉합
오른쪽 작은소매(안)
③지그재그봉합 또는 오버록 통솔처리
④시접을 큰소매쪽으로 넘긴다

⑤상침
0.5cm
오른쪽 큰소매(겉)
오른쪽 작은소매(겉)
손목탭(겉)
⑥임시고정 봉합 0.7cm

⑦겉끼리 맞댄다
오른쪽 큰소매(겉)
⑧봉합
오른쪽 작은소매(안)
⑨지그재그봉합 또는 오버록 통솔처리
⑩시접을 큰소매쪽으로 넘긴다

9 소매를 만든다 (아동)

오른쪽
큰소매(안)

⑪겉으로
뒤집는다

⑫상침

0.5cm

오른쪽
작은소매
(겉)

⑬큰 땀으로
두 줄 봉합

0.5cm
0.8cm

오른쪽 큰소매
(겉)

오른쪽
작은소매
(안)

⑭소매산에 오그림을 준다
(오그림 분량 약 2cm)

오른쪽
큰소매
(겉)

오른쪽
큰소매
(안)

오른쪽
작은소매
(안)

※오그림 주는 방법 P.99 참고

※왼쪽 소매도 ①~⑭과정과
같은 방법으로 만든다

소매
(겉)

①접음

②봉합

소매
(안)

③지그재그봉합
또는 오버록
통솔처리

④시접을 뒤쪽으로 넘긴다

소매
(안)

⑤겉으로
뒤집는다

⑥상침

0.5cm

소매
(겉)

10 몸판에 소매를 단다

※성인 패턴을 기준으로 설명합니다
(제작 방법은 성인, 아동 모두 같습니다)

①겉끼리 맞댄다

오른쪽
앞안단(겉)

오른쪽
소매(겉)

오른쪽
앞몸판(안)

②임시고정
봉합

소매
(안)

0.7cm

오른쪽
앞안단(겉)

오른쪽
앞몸판(안)

소매둘레
바이어스테이프(겉)

1cm

성인:70cm
아동:50cm

※충분한 길이의
바이어스테이프를 준비한다

③소매둘레 바이어스테이프를
펼쳐 다린다

4cm

소매둘레
바이어스테이프(안)

11 몸판과 소매의 밑단을 정리한다

④접음

1cm

시작

⑥겹침

끝

1cm

※겹침 분량을 제외한
나머지 여유분은 잘라낸다

⑤봉합
(P.55 바이어스
달기B 참고)

소매
(안)

소매둘레
바이어스
테이프(안)

오른쪽
앞안단(겉)

뒤안단(겉)

뒷몸판(안)

오른쪽
앞몸판(안)

⑦접음

소매
(안)

소매둘레
바이어스
테이프(겉)

⑧상침

0.2cm

오른쪽
앞안단(겉)

뒤안단(겉)

오른쪽
앞몸판(안)

뒷몸판(안)

※반대쪽 소매도 ①~⑧과정과
같은 방법으로 만든다

오른쪽
앞안단(겉)

②상침

오른쪽
앞몸판(안)

①두 번
접음

(안)

0.2cm
2cm
1cm

※반대쪽 소매도 ①~②과정과
같은 방법으로 만든다

12~13 몸판과 안단을 고정하고, 몸판과 소매에 단춧구멍을 뚫고 단추를 단다

앞몸판
(겉)

뒷몸판
(겉)

(안)
2cm
1cm

겉칼라(겉)

①상침
0.5cm
소매(겉)
②단추를 단다
소매탭(겉)
③단춧구멍을 뚫는다(성인만)
앞안단(겉)
뒷몸판(안)
③단춧구멍을 뚫는다
앞몸판(겉)

②단추를 단다(성인만)

④상침
0.2cm
0.2cm
③밑단을 정리한다
(P.85 / **7~8**-③~⑩ 참고)
※반대쪽 앞·뒤몸판도 ③~④과정과 같은 방법으로 만든다

[재단배치도_아동]
· 지정 이외의 시접은 1cm
· 부분에 소잉심지를 붙인다
· 부분에 소잉테이프 심지를 붙인다
· 표시된 부분은 지그재그봉제 또는 오버록 처리한다

· 성인
완성

· 아동

〈 오그림 주는 방법 〉
※ 소매 오그림은 주름을 주기 위한 것이 아니라 소매의 어깨부분에 입체감을 주기 위해 사용하는 방법이다
※ 봉제시 주름이 잡히지 않도록 주의한다

0.2cm
0.5cm
소매(겉)
①소매에서 앞너치에서 뒤너치까지의 시접에 큰 땀으로 두 줄 봉합한다

우마
소매(겉)
소매(안)
②밑실을 잡아당겨 분량만큼의 오그림을 준다

[재료_아동]
· 겉감 110cm×270cm
· 주머니 안감 110cm×45cm
· 소잉심지 110cm×90cm
· 1.2cm폭 소잉테이프 심지 1팩
· 1cm폭 바이어스테이프 1팩
· 1.8cm폭 단추 4개

[아동]
원단(안)
골선
앞몸판(2장)
3
뒤안단(1장)
앞안단(2장)
3
겉칼라받침(1장)
안칼라받침(1장)
겉칼라(1장)
소매(2장)
주머니 입술감(2장)
270cm
겉감 손바닥(2장)
3

주머니 안감(안)
골선
안감 손바닥(2장)
손등감(2장)
45cm
110cm폭
원단을 자른다

남은 원단을 펼친다
원단(안)
안칼라(1장)
오른쪽 뒷몸판(1장)
왼쪽 뒷몸판(1장)
3
3
110cm
※오른쪽·왼쪽 뒷몸판은 실물크기 패턴에서 각각 베껴 사용합니다

[완성사이즈]

[성인]

사이즈 \ 명칭	95	100	105	110
가슴둘레	110	115	121	127
옷길이	90	94	98	102
소매길이	64	66	68	70

[아동]

사이즈 \ 명칭	90	100	110	120	130
가슴둘레	75	79	83	87	91
옷길이	48	52	57	61	65
소매길이	31	35	38	42	45

No.18 블루종

Page 34 / Pattern B면 D-2

[완성사이즈]

사이즈 명칭	95	100	105	110
가슴둘레	111	116	121	126
옷길이	76	77	79	80
소매길이	63	65	67	69

[재료]

· 겉감 110cm×270cm
· 주머니감 110cm×45cm
· 시보리감 86cm×80cm
· 소잉심지 110cm×90cm
· 1.8cm폭 지퍼전용 접착테이프 심지 1팩
· 80cm길이 지퍼 1개

[재단배치도]

· 지정 이외의 시접은 1cm
· ▬ 부분에 소잉심지를 붙인다
· ▬ 부분에 지퍼전용 접착테이프 심지를 붙인다
· ∿∿ 표시된 부분은 지그재그봉제 또는 오버록 처리한다
· 주머니 입술감은 직접 제도하여 사용합니다.

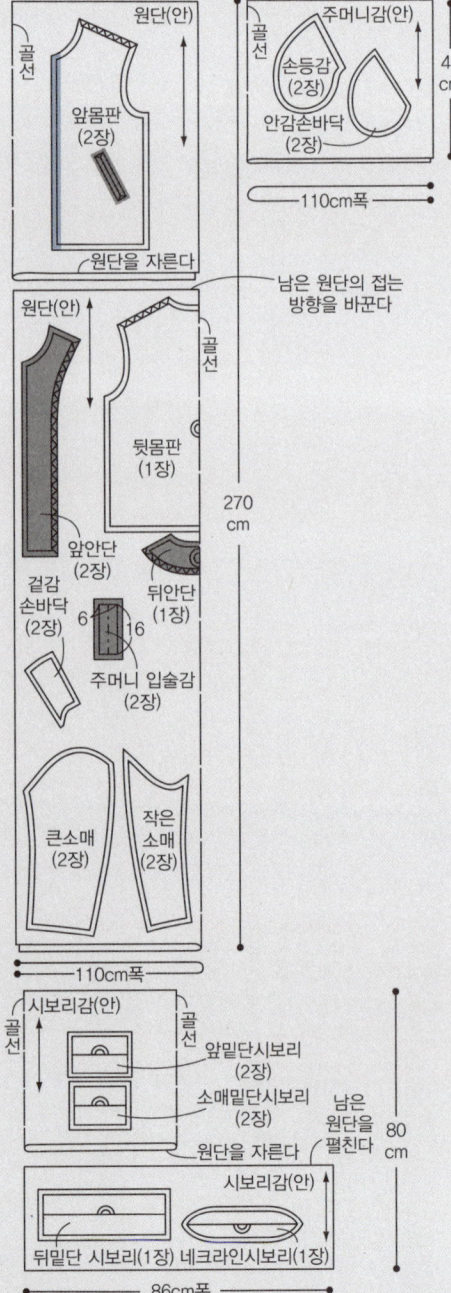

[만드는 순서]

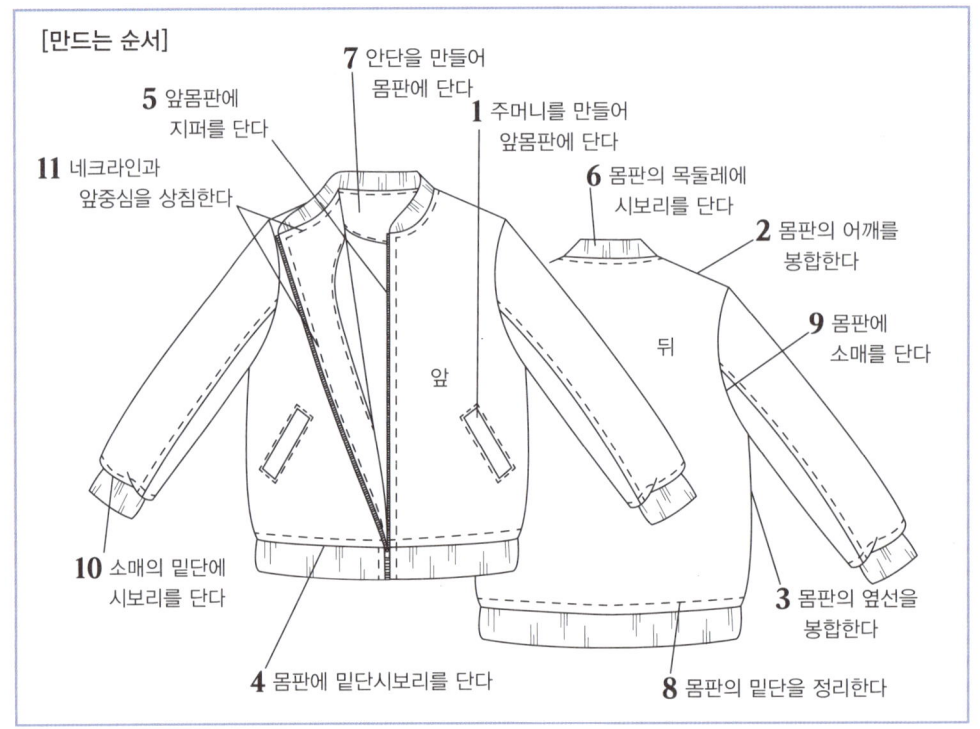

7 안단을 만들어 몸판에 단다
5 앞몸판에 지퍼를 단다
11 네크라인과 앞중심을 상침한다
1 주머니를 만들어 앞몸판에 단다
6 몸판의 목둘레에 시보리를 단다
2 몸판의 어깨를 봉합한다
9 몸판에 소매를 단다
뒤
앞
3 몸판의 옆선을 봉합한다
10 소매의 밑단에 시보리를 단다
4 몸판에 밑단시보리를 단다
8 몸판의 밑단을 정리한다

★치수가 기재되어 있지 않은 곳은 1cm로 봉합합니다.

1 주머니를 만들어 앞몸판에 단다
(P.94 / 2-①~㉔ 참고)

2 몸판의 어깨를 봉합한다
(P.96 / 4-①~③ 참고)

3 몸판의 옆선을 봉합한다
(P.96 / 4-④~⑥ 참고)

4 몸판에 밑단시보리를 단다

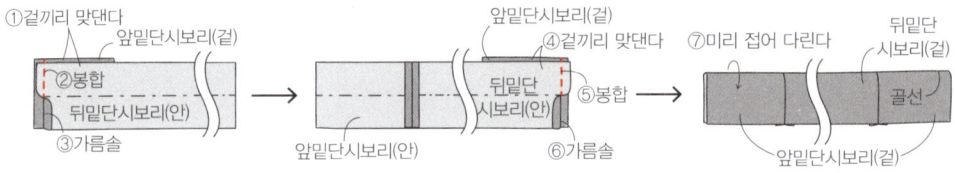

5 앞몸판에 지퍼를 단다

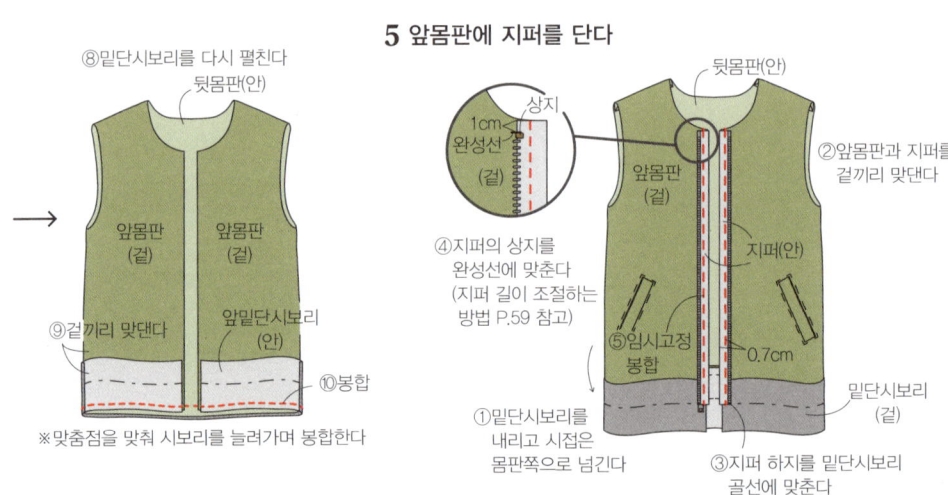

6 몸판의 목둘레에 시보리를 단다

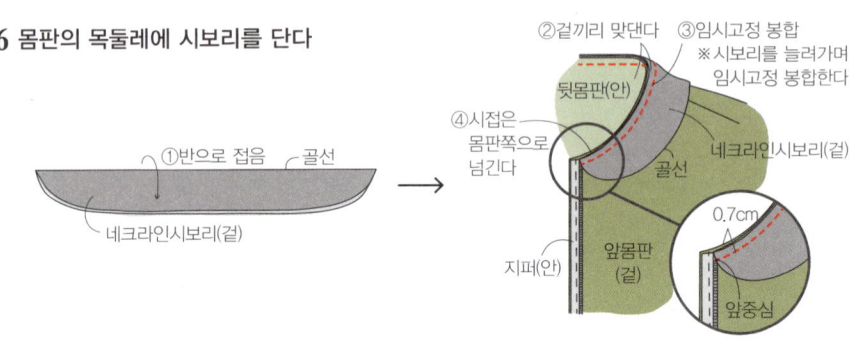

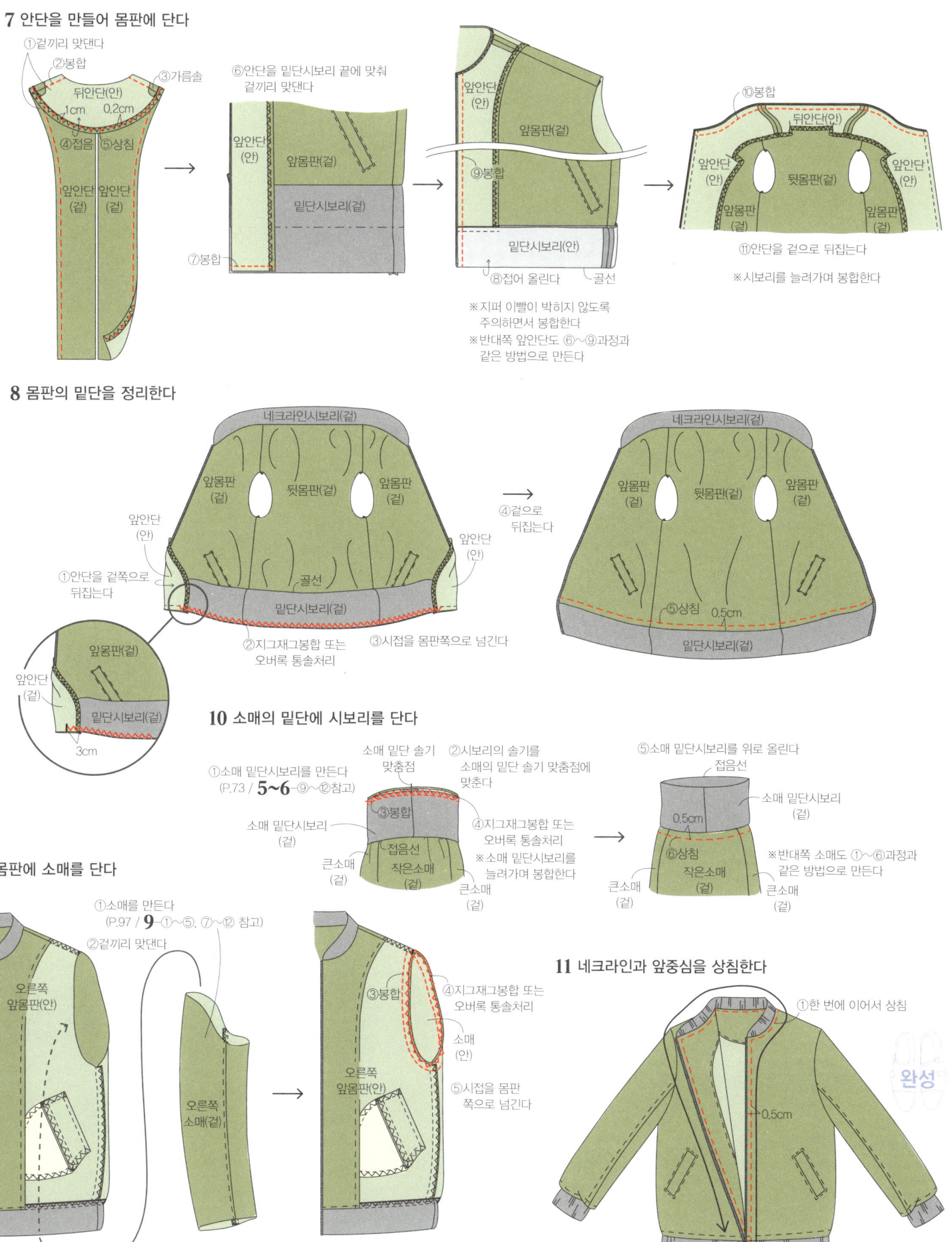

7 안단을 만들어 몸판에 단다

①겉끼리 맞댄다
②봉합
③가름솔
뒤안단(안)
1cm 0.2cm
④접음 ⑤상침
앞안단(겉) 앞안단(겉)

⑥안단을 밑단시보리 끝에 맞춰 겉끼리 맞댄다
앞안단(안) 앞몸판(겉)
밑단시보리(겉)
⑦봉합

앞안단(안) 앞몸판(겉)
⑨봉합
밑단시보리(안)
⑧접어 올린다 골선
※지퍼 이빨이 박히지 않도록 주의하면서 봉합한다
※반대쪽 앞안단도 ⑥~⑨과정과 같은 방법으로 만든다

⑩봉합
뒤안단(안)
앞안단(안) 뒷몸판(겉) 앞안단(안)
앞몸판(겉) 앞몸판(겉)
⑪안단을 겉으로 뒤집는다
※시보리를 늘려가며 봉합한다

8 몸판의 밑단을 정리한다

네크라인시보리(겉)
앞몸판(겉) 뒷몸판(겉) 앞몸판(겉)
앞안단(안) 앞안단(안)
①안단을 겉쪽으로 뒤집는다
골선
밑단시보리(겉)
②지그재그봉합 또는 오버록 통솔처리
③시접을 몸판쪽으로 넘긴다

앞몸판(겉)
앞안단(겉)
밑단시보리(겉)
3cm

④겉으로 뒤집는다

네크라인시보리(겉)
앞몸판(겉) 뒷몸판(겉) 앞몸판(겉)
⑤상침 0.5cm
밑단시보리(겉)

10 소매의 밑단에 시보리를 단다

소매 밑단 솔기 맞춤점
②시보리의 솔기를 소매의 밑단 솔기 맞춤점에 맞춘다
①소매 밑단시보리를 만든다 (P.73 / 5~6-⑨~⑫참고)
소매 밑단시보리(겉)
③봉합
접음선 작은소매(겉)
큰소매(겉)
④지그재그봉합 또는 오버록 통솔처리
※소매 밑단시보리를 늘려가며 봉합한다
큰소매(겉)

⑤소매 밑단시보리를 위로 올린다
접음선
소매 밑단시보리(겉)
0.5cm
⑥상침 작은소매(겉)
큰소매(겉) 큰소매(겉)
※반대쪽 소매도 ①~⑥과정과 같은 방법으로 만든다

9 몸판에 소매를 단다

①소매를 만든다 (P.97 / 9-①~⑤, ⑦~⑫ 참고)
②겉끼리 맞댄다
오른쪽 앞몸판(안)
오른쪽 소매(겉)

③봉합
④지그재그봉합 또는 오버록 통솔처리
소매(안)
오른쪽 앞몸판(안)
⑤시접을 몸판쪽으로 넘긴다

11 네크라인과 앞중심을 상침한다

①한 번에 이어서 상침
0.5cm
완성

No.19 자켓

Page 36 / Pattern C면 D-3

[완성사이즈]

명칭	사이즈 95	100	105	110
가슴둘레	95	99	103	107
옷길이	73	76	79	82
소매길이	63	65	67	68

[재료]

· 겉감 110cm×405cm
· 소잉심지 110cm×270cm
· 1.2cm폭 소잉테이프 심지 1팩
· 1cm폭 바이어스 테이프 1팩
· 2.5cm폭 단추 2개

[재단배치도]

· 지정 이외의 시접은 1cm
· ▨ 부분에 소잉심지를 붙인다
· ▨ 부분에 소잉테이프 심지를 붙인다
· ∿ 표시된 부분은 지그재그봉제 또는 오버록 처리한다
· 겉·안주머니는 직접 제도하여 사용합니다.

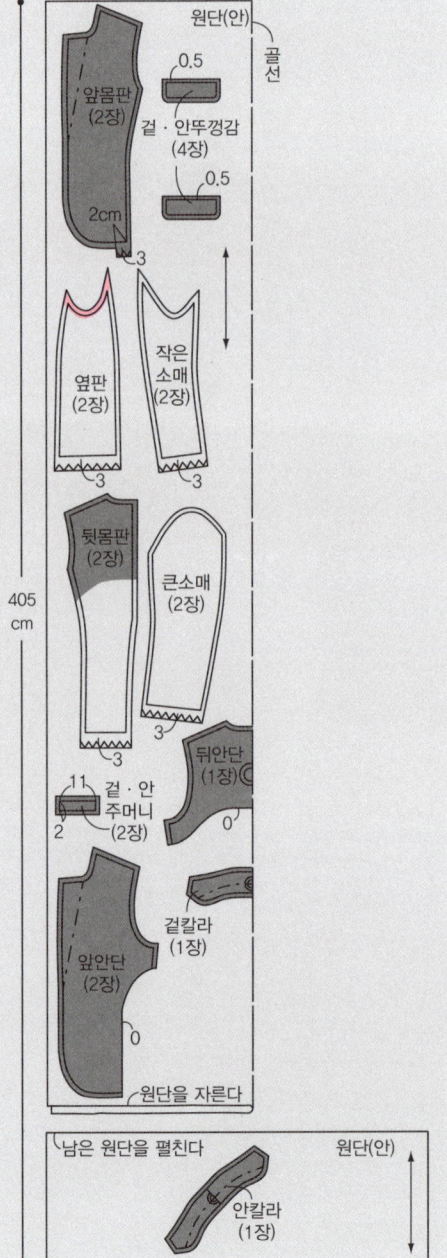

[만드는 순서]

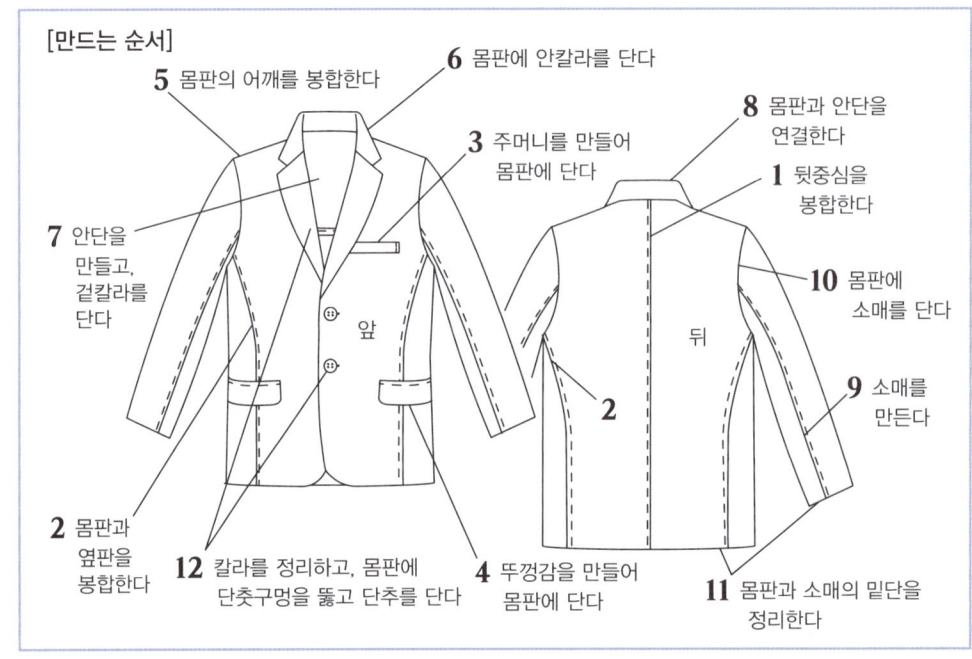

5 몸판의 어깨를 봉합한다
6 몸판에 안칼라를 단다
3 주머니를 만들어 몸판에 단다
8 몸판과 안단을 연결한다
1 뒷중심을 봉합한다
7 안단을 만들고, 겉칼라를 단다
10 몸판에 소매를 단다
앞
뒤
9 소매를 만든다
2 몸판과 옆판을 봉합한다
12 칼라를 정리하고, 몸판에 단춧구멍을 뚫고 단추를 단다
4 뚜껑감을 만들어 몸판에 단다
11 몸판과 소매의 밑단을 정리한다

★치수가 기재되어 있지 않은 곳은 1cm로 봉합합니다.

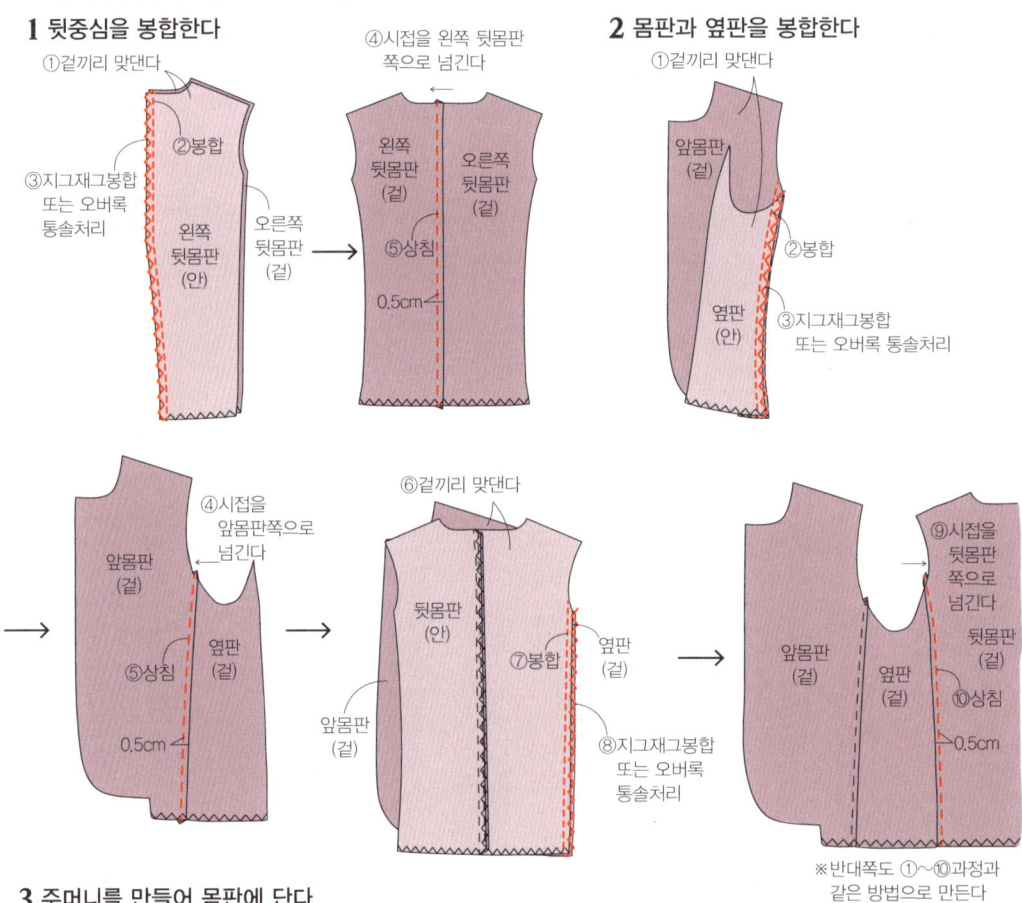

1 뒷중심을 봉합한다

①겉끼리 맞댄다
②봉합
③지그재그봉합 또는 통솔처리
④시접을 왼쪽 뒷몸판 쪽으로 넘긴다
⑤상침
0.5cm
왼쪽 뒷몸판 (안)
왼쪽 뒷몸판 (겉)
오른쪽 뒷몸판 (겉)

2 몸판과 옆판을 봉합한다

①겉끼리 맞댄다
앞몸판 (겉)
②봉합
옆판 (안)
③지그재그봉합 또는 오버록 통솔처리

④시접을 앞몸판쪽으로 넘긴다
앞몸판 (겉)
⑤상침
옆판 (겉)
0.5cm

⑥겉끼리 맞댄다
뒷몸판 (안)
⑦봉합
옆판 (겉)
⑧지그재그봉합 또는 오버록 통솔처리

⑨시접을 뒷몸판 쪽으로 넘긴다
앞몸판 (겉)
옆판 (겉)
뒷몸판 (겉)
⑩상침
0.5cm

※반대쪽도 ①~⑩과정과 같은 방법으로 만든다

3 주머니를 만들어 몸판에 단다

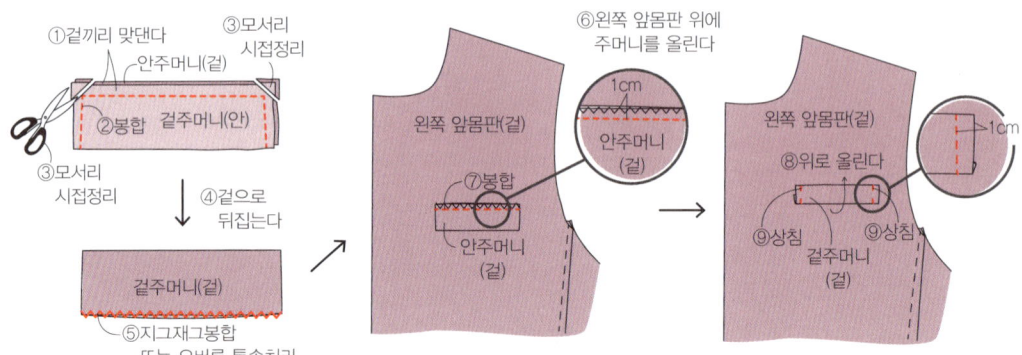

①겉끼리 맞댄다
안주머니(겉)
③모서리 시접정리
②봉합
겉주머니(안)
③모서리 시접정리
④겉으로 뒤집는다
겉주머니(겉)
⑤지그재그봉합 또는 오버록 통솔처리

왼쪽 앞몸판(겉)
⑦봉합
안주머니 (겉)
1cm
안주머니 (겉)

⑥왼쪽 앞몸판 위에 주머니를 올린다
왼쪽 앞몸판(겉)
⑧위로 올린다
1cm
⑨상침
겉주머니 (겉)
⑨상침

4 뚜껑감을 만들어 몸판에 단다

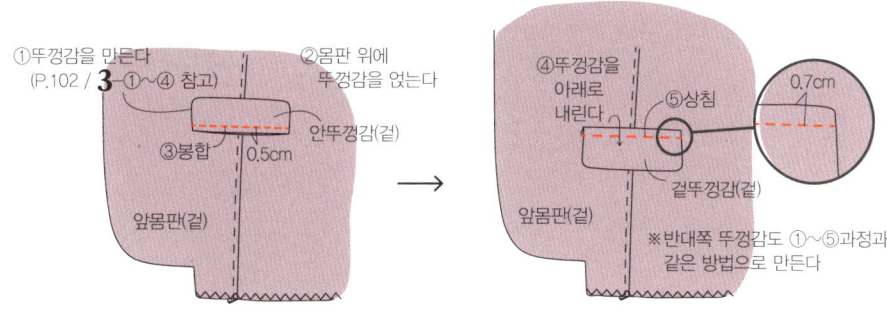

①뚜껑감을 만든다
(P.102 / **3**-①~④ 참고)

②몸판 위에 뚜껑감을 얹는다

③봉합
0.5cm

안뚜껑감(겉)

앞몸판(겉)

④뚜껑감을 아래로 내린다

⑤상침
0.7cm

겉뚜껑감(겉)

앞몸판(겉)

※반대쪽 뚜껑감도 ①~⑤과정과 같은 방법으로 만든다

5 몸판의 어깨를 봉합한다 (P.96 / **4**-①~③ 참고)

6 몸판에 안칼라를 단다

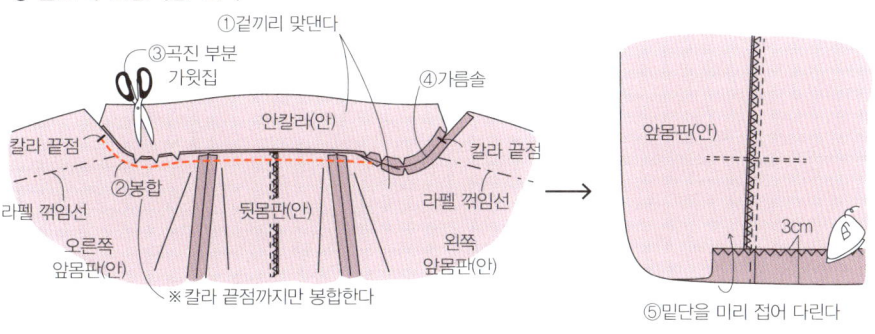

③곡진 부분 가윗집
①겉끼리 맞댄다
④가름솔
안칼라(안)
칼라 끝점
칼라 끝점
라펠 꺾임선
②봉합
뒷몸판(안)
라펠 꺾임선
오른쪽 앞몸판(안)
왼쪽 앞몸판(안)
※칼라 끝점까지만 봉합한다

앞몸판(안)
3cm
⑤밑단을 미리 접어 다린다

7 안단을 만들고, 겉칼라를 단다

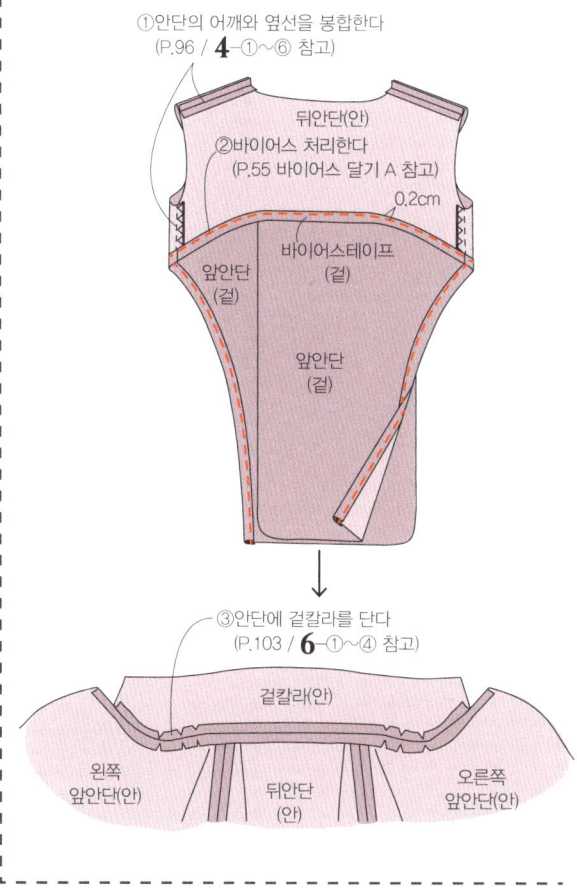

①안단의 어깨와 옆선을 봉합한다
(P.96 / **4**-①~⑥ 참고)

뒤안단(안)

②바이어스 처리한다
(P.55 바이어스 달기 A 참고)
0.2cm

바이어스테이프(겉)

앞안단(겉)

앞안단(겉)

③안단에 겉칼라를 단다
(P.103 / **6**-①~④ 참고)

겉칼라(안)

왼쪽 앞안단(안)
뒤안단(안)
오른쪽 앞안단(안)

8 몸판과 안단을 연결한다

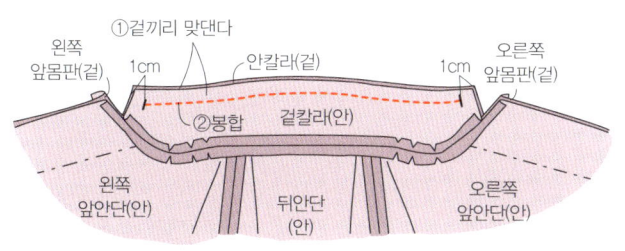

왼쪽 앞몸판(겉)
1cm
①겉끼리 맞댄다
안칼라(겉)
1cm
오른쪽 앞몸판(겉)
②봉합
겉칼라(안)
왼쪽 앞안단(안)
뒤안단(안)
오른쪽 앞안단(안)

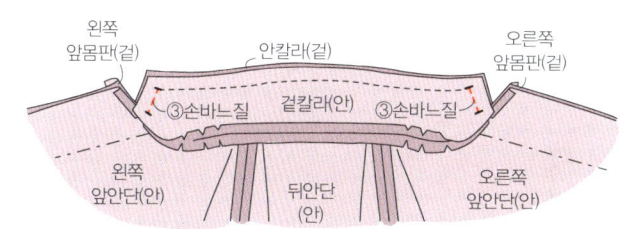

왼쪽 앞몸판(겉)
안칼라(겉)
오른쪽 앞몸판(겉)
③손바느질
겉칼라(안)
③손바느질
왼쪽 앞안단(안)
뒤안단(안)
오른쪽 앞안단(안)

※각진 부분은 꼼꼼하게 손바느질 한다
(미싱보다는 손바느질해야 뒤집었을 때 모양이 잘 나온다)

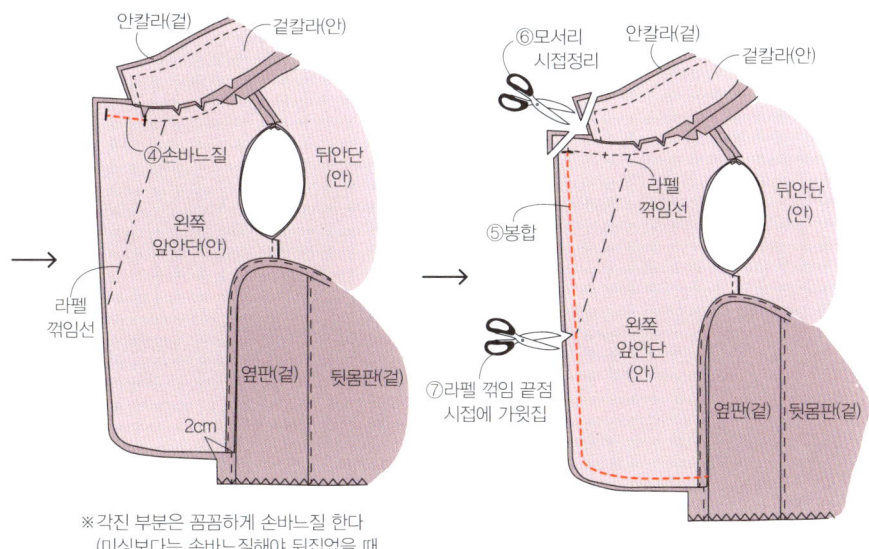

안칼라(겉)
겉칼라(안)
④손바느질
뒤안단(안)
왼쪽 앞안단(안)
라펠 꺾임선
옆판(겉)
뒷몸판(겉)
2cm

⑥모서리 시접정리
안칼라(겉)
겉칼라(안)
라펠 꺾임선
뒤안단(안)
⑤봉합
왼쪽 앞안단(안)
옆판(겉)
뒷몸판(겉)
⑦라펠 꺾임 끝점 시접에 가윗집

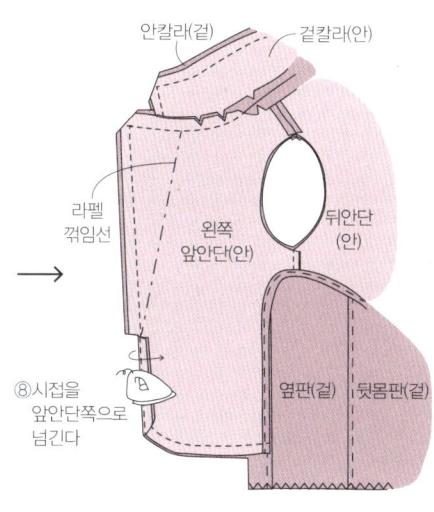

안칼라(겉)
겉칼라(안)
라펠 꺾임선
왼쪽 앞안단(안)
뒤안단(안)
옆판(겉)
뒷몸판(겉)
⑧시접을 앞안단쪽으로 넘긴다

※각진 부분은 꼼꼼하게 손바느질 한다
(미싱보다는 손바느질해야 뒤집었을 때 모양이 잘 나온다)

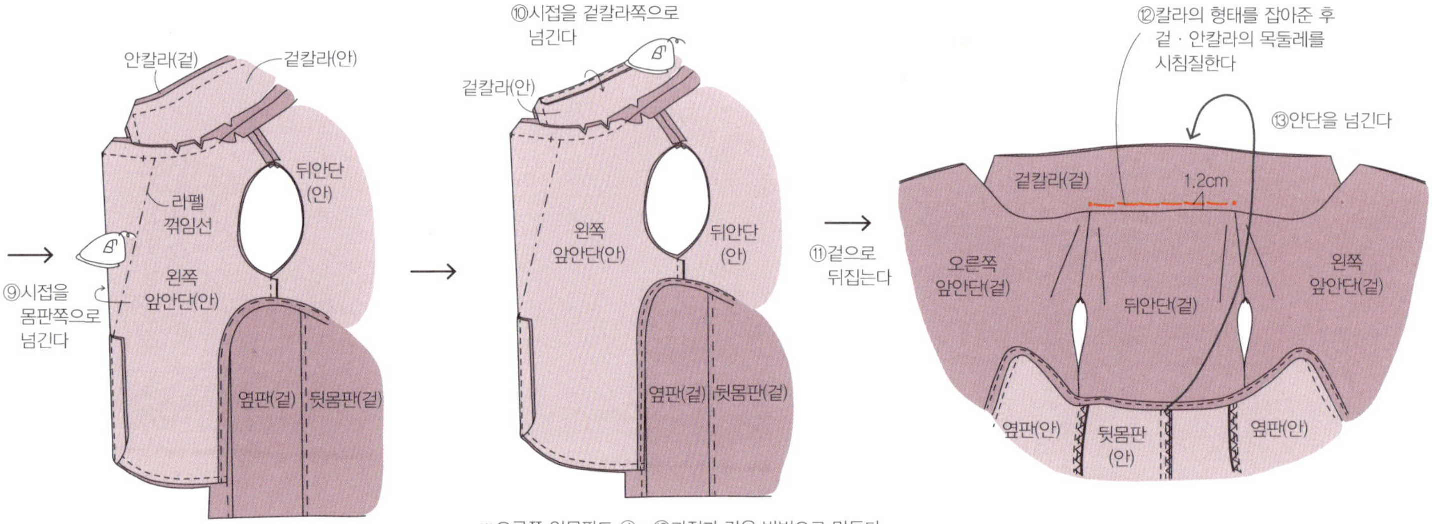

⑩시접을 겉칼라쪽으로 넘긴다

안칼라(겉)　겉칼라(안)

겉칼라(안)

⑫칼라의 형태를 잡아준 후 겉·안칼라의 목둘레를 시침질한다

⑬안단을 넘긴다

라펠 꺾임선

뒤안단 (안)

왼쪽 앞안단(안)

⑨시접을 몸판쪽으로 넘긴다

옆판(겉)　뒷몸판(겉)

왼쪽 앞안단(안)　뒤안단 (안)

옆판(겉) 뒷몸판(겉)

⑪겉으로 뒤집는다

겉칼라(겉)　1.2cm

오른쪽 앞안단(겉)　뒤안단(겉)　왼쪽 앞안단(겉)

옆판(안)　뒷몸판(안)　옆판(안)

※오른쪽 앞몸판도 ④~⑩과정과 같은 방법으로 만든다
※시접을 각각 다려줘야 겉으로 뒤집었을 때 모양이 잘 잡힌다

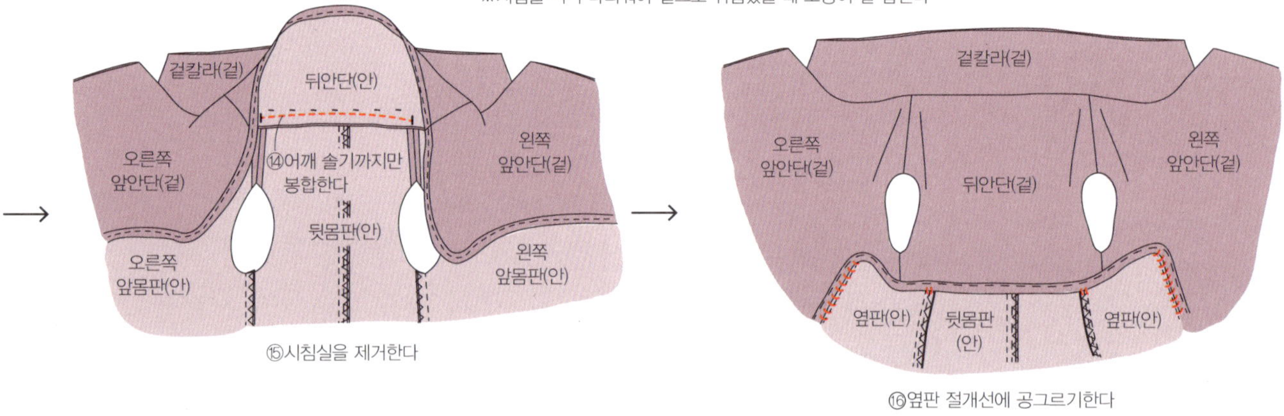

겉칼라(겉)

뒤안단(안)

오른쪽 앞안단(겉)　왼쪽 앞안단(겉)

⑭어깨 솔기까지만 봉합한다

오른쪽 앞몸판(안)　뒷몸판(안)　왼쪽 앞몸판(안)

⑮시침실을 제거한다

겉칼라(겉)

오른쪽 앞안단(겉)　뒤안단(겉)　왼쪽 앞안단(겉)

옆판(안)　뒷몸판(안)　옆판(안)

⑯옆판 절개선에 공그르기한다

9 소매를 만든다 (P.97 / 9-①~⑤, ⑦~⑭ 참고)

10 몸판에 소매를 단다 (P.98 / 10-①~⑧ 참고)

※소매둘레 바이어스테이프 길이 : 70cm

11 몸판과 소매의 밑단을 정리한다

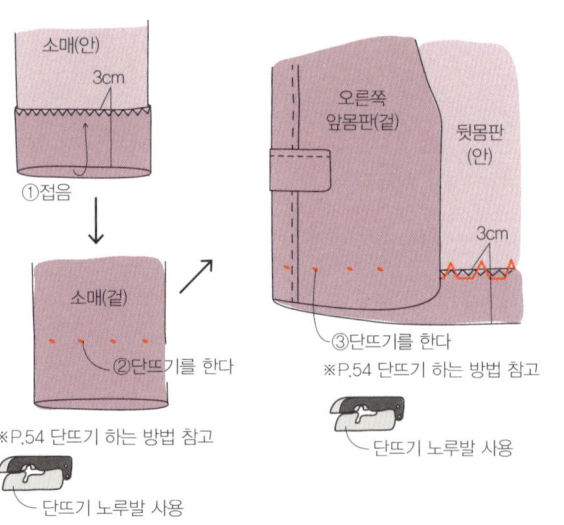

소매(안)
3cm
①접음

소매(겉)
②단뜨기를 한다
※P.54 단뜨기 하는 방법 참고
단뜨기 노루발 사용

오른쪽 앞몸판(겉)　뒷몸판(안)
3cm
③단뜨기를 한다
※P.54 단뜨기 하는 방법 참고
단뜨기 노루발 사용

12 칼라를 정리하고, 몸판에 단춧구멍을 뚫고 단추를 단다

겉칼라(겉)
①겉쪽에서 칼라를 완성 형태에 맞춰 시침질한다
안칼라(겉)
뒤안단(겉)
오른쪽 앞몸판(겉)　왼쪽 앞몸판(겉)

②완성 형태에 맞춰 접어 다린후, 시침실을 제거한다
겉칼라(겉)
뒤안단(겉)
오른쪽 앞몸판(겉)　왼쪽 앞몸판(겉)
③단춧구멍을 뚫는다
④단추를 단다

완성

No.20

성인/아동
선글라스 케이스
Page 38 / Pattern 성인_A면 E-1
아동_A면 E-1

[완성사이즈]

[성인]
One size 11cm×20cm

[아동]
One size 11cm×18cm

[재료_성인]
· 겉감 20cm×60cm
· 안감 20cm×50cm
· 푸딩심지 25cm×25cm
· 10cm길이 민자형 바네 1개
· 1.8cm폭 끼워라벨 1개

[재료_아동]
· 겉감 20cm×60cm
· 안감 20cm×50cm
· 푸딩심지 25cm×25cm
· 10cm길이 민자형 바네 1개
· 1.5cm폭 나무 구슬 2개
· 0.3cm폭 오시도리면끈 1팩

[재단배치도]
· 지정 이외의 시접은 1cm
· [아동] 고리감 실물크기 패턴 P.106 참고

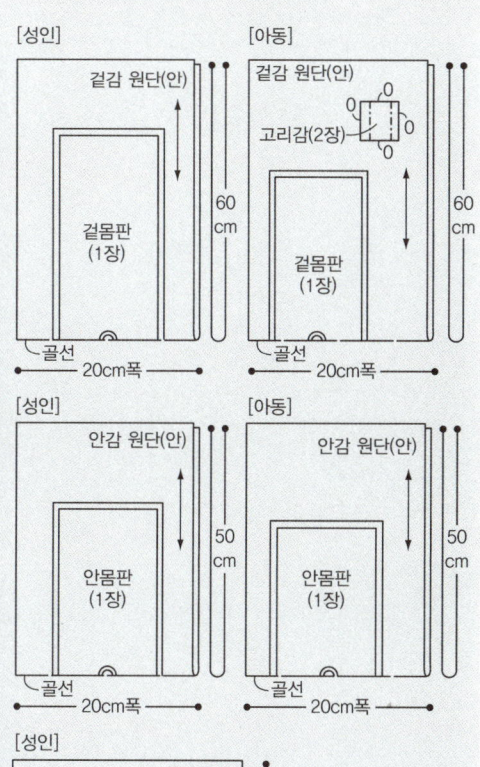

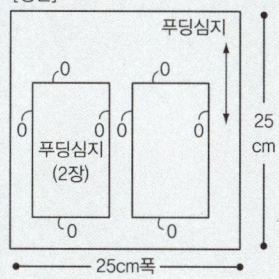

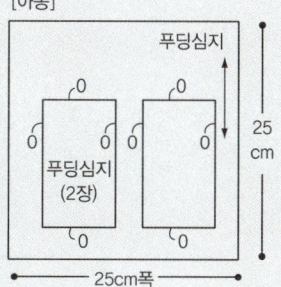

[만드는 순서]

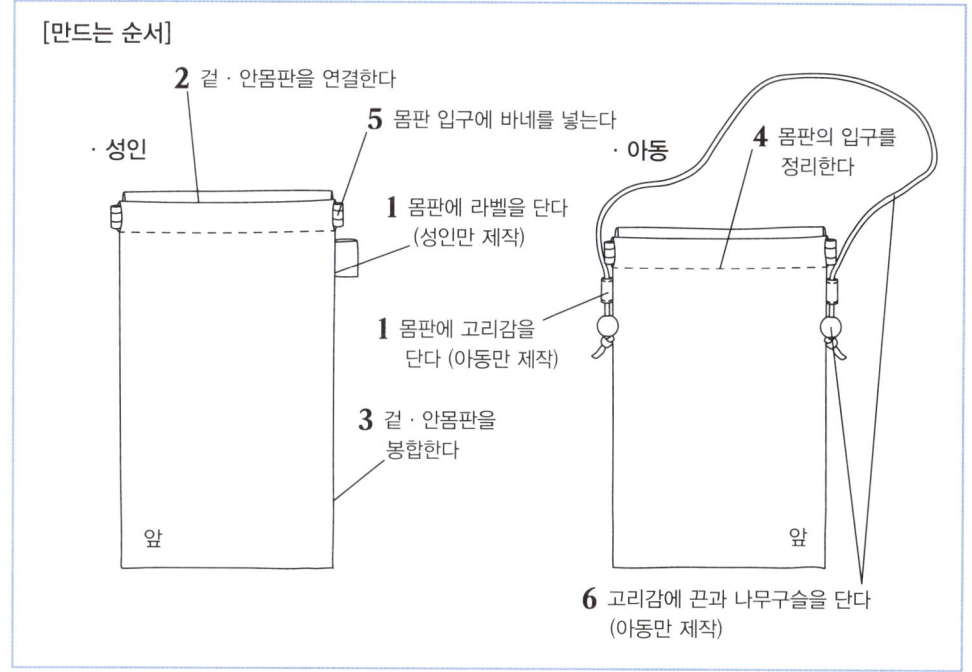

★치수가 기재되어 있지 않은 곳은 1cm로 봉합합니다.

1 몸판에 라벨을 단다 (성인만 제작)

1 몸판에 고리감을 단다 (아동만 제작)

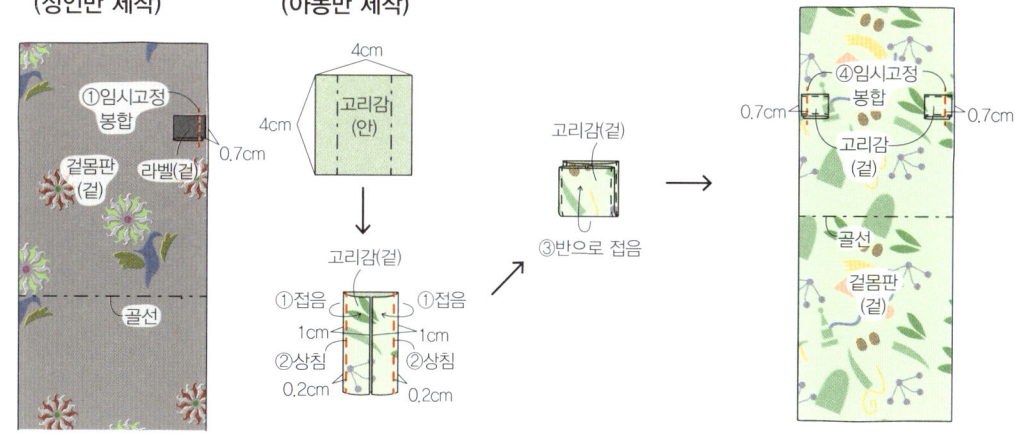

2 겉·안몸판을 연결한다

3 겉·안몸판을 봉합한다

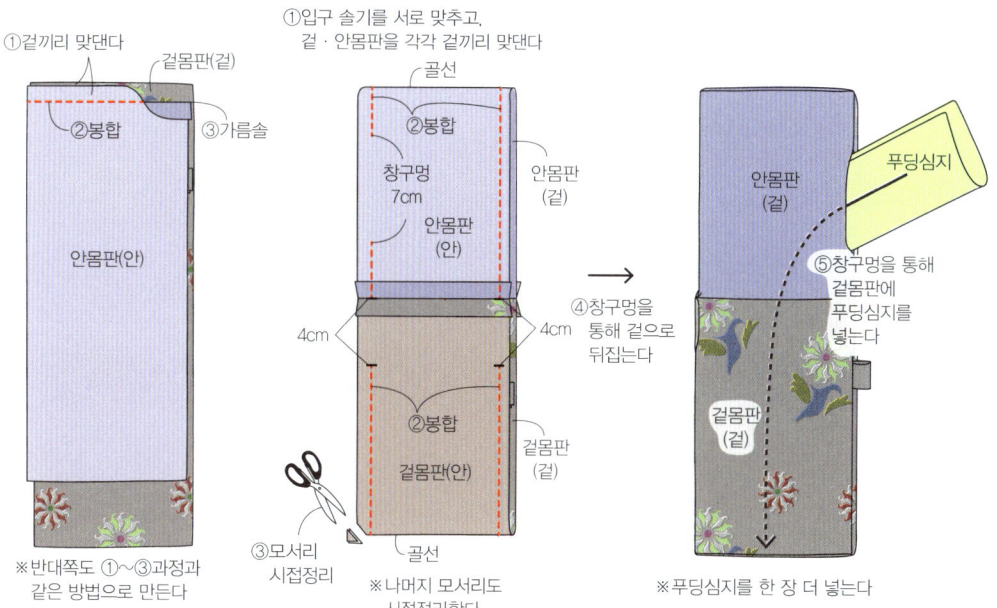

— 105 —

4~5 몸판의 입구를 정리하고, 바네를 넣는다

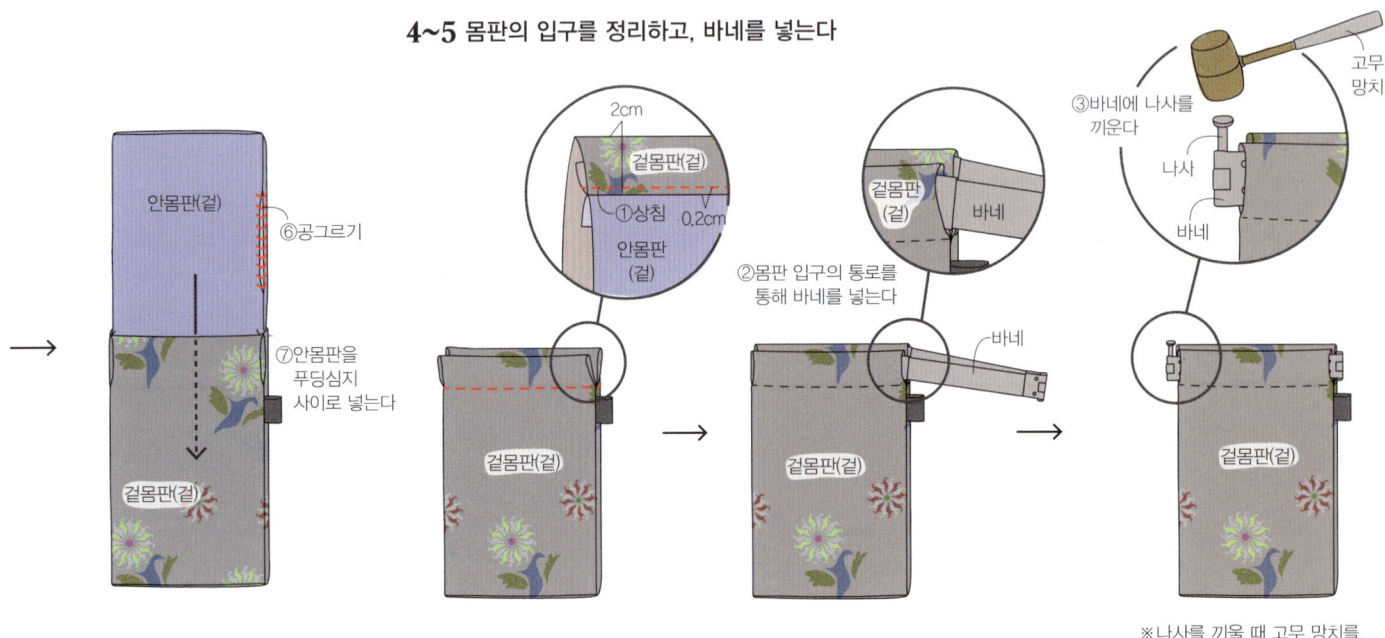

2cm
겉몸판(겉)
①상침
0.2cm
안몸판(겉)

겉몸판(겉)

안몸판(겉)
⑥공그르기

⑦안몸판을
푸딩심지
사이로
넣는다

겉몸판(겉)

겉몸판(겉)

②몸판 입구의 통로를
통해 바네를 넣는다

겉몸판(겉)

바네

겉몸판(겉)

바네

③바네에 나사를
끼운다

고무
망치

나사

바네

겉몸판(겉)

※나사를 끼울 때 고무 망치를
이용하면 편리합니다

6 고리감에 끈과 나무구슬을 단다
(아동만 제작)

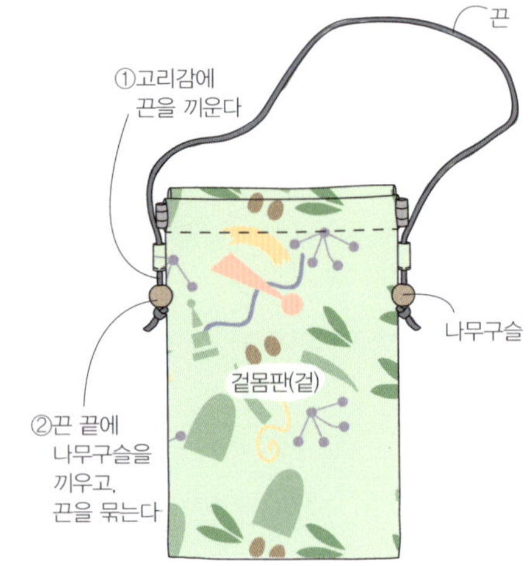

끈

①고리감에
끈을 끼운다

나무구슬

겉몸판(겉)

②끈 끝에
나무구슬을
끼우고,
끈을 묶는다

완성

· 성인

겉몸판(겉)

· 아동

[아동] 〈고리감 실물크기 패턴〉

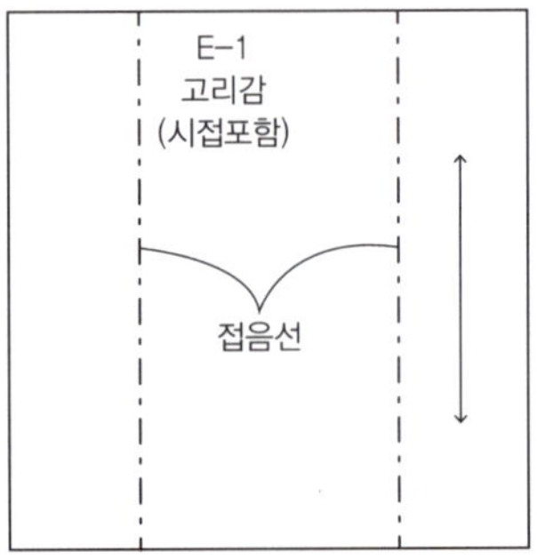

E-1
고리감
(시접포함)

접음선

No.21 에코백

Page 40 / Pattern B면 E-2

[완성사이즈]
One Size 45cm×42cm
※손잡이를 포함하지 않은 사이즈입니다

[재료]
· 겉감 55cm×110cm
· 배색감 55cm×40cm
· 3.8cm폭 웨이빙끈 1팩

[재단배치도]
· 지정 이외의 시접은 1cm
· ▬ 부분에 소잉심지를 붙인다
· 〰 표시된 부분은 지그재그봉제 또는 오버록 처리한다
· 바이어스천은 직접 제도하여 사용합니다.

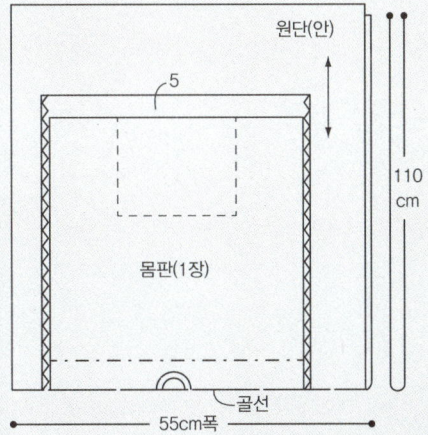

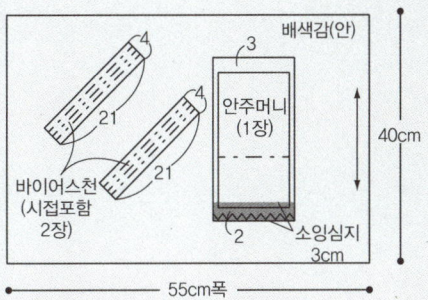

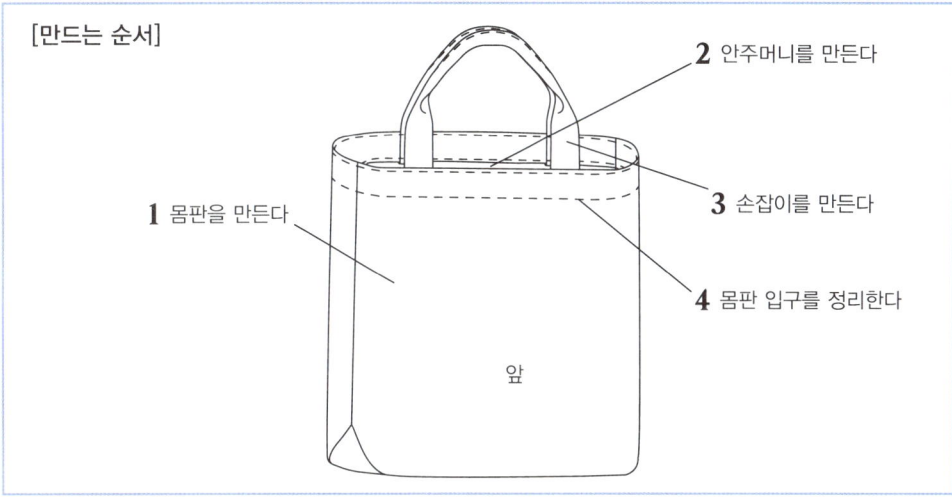

[만드는 순서]

2 안주머니를 만든다
1 몸판을 만든다
3 손잡이를 만든다
4 몸판 입구를 정리한다
앞

★치수가 기재되어 있지 않은 곳은 1cm로 봉합합니다.

1 몸판을 만든다

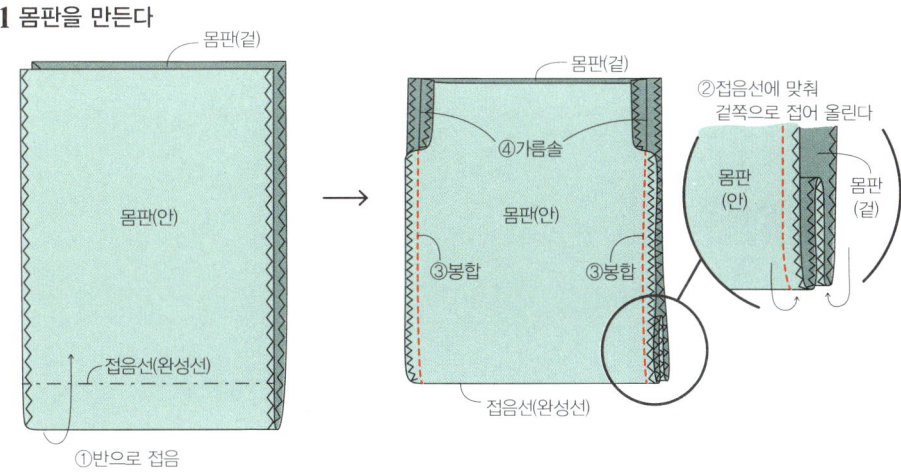

2 안주머니를 만든다

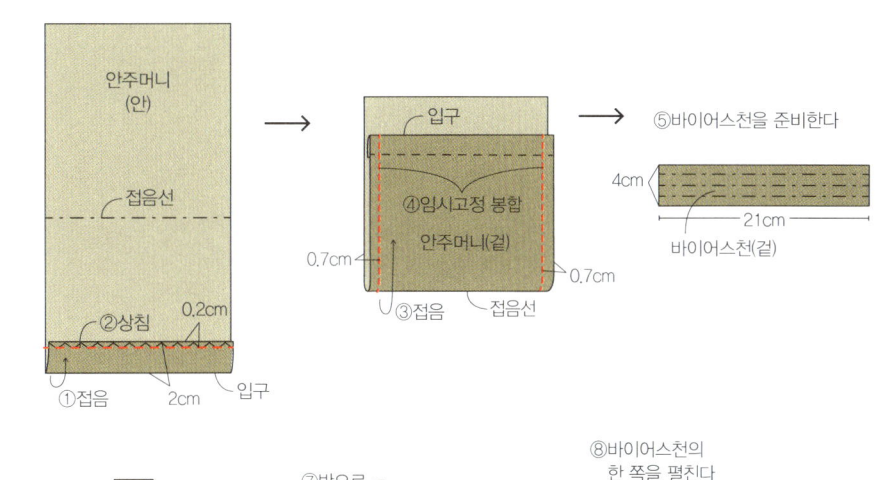

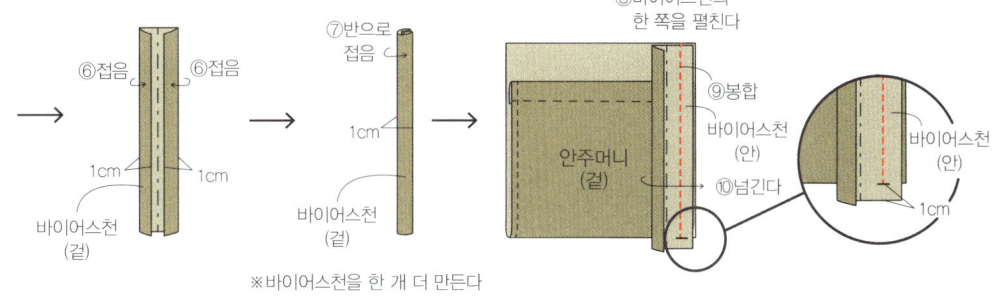

※바이어스천을 한 개 더 만든다

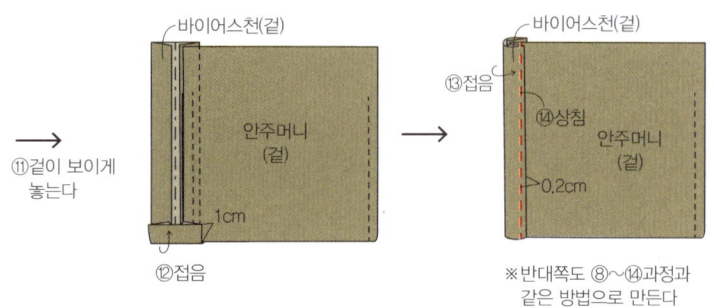

⑪겉이 보이게 놓는다

바이어스천(겉)

안주머니 (겉)

1cm

⑫접음

바이어스천(겉)

⑬접음

⑭상침

안주머니 (겉)

0.2cm

※반대쪽도 ⑧~⑭과정과 같은 방법으로 만든다

3 손잡이를 만든다

①웨이빙끈을 준비한다

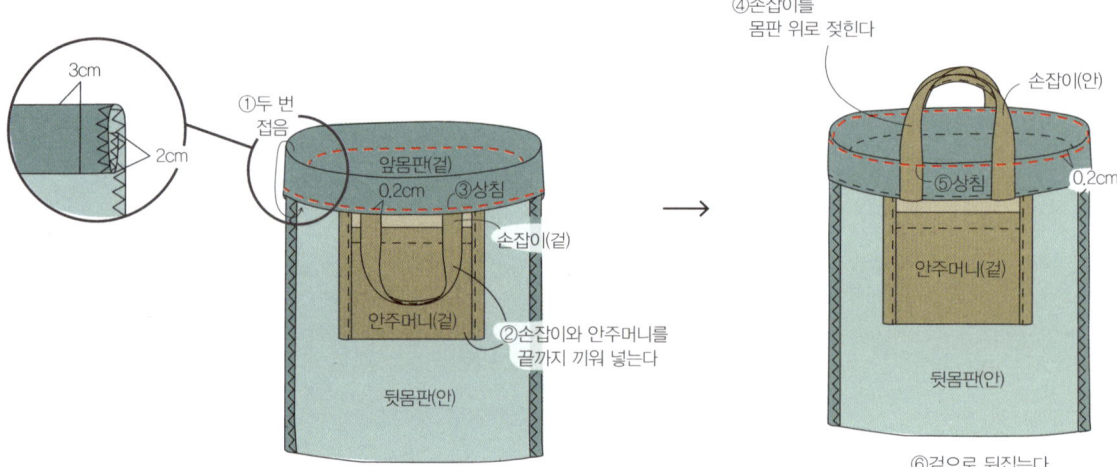

3.8cm

손잡이(겉)

45cm

②반으로 접음

③상침 0.2cm 손잡이(겉)

15cm 15cm 15cm

※손잡이를 한 개 더 만든다

4 몸판 입구를 정리한다

3cm

2cm

①두 번 접음

앞몸판(겉)

0.2cm ③상침

손잡이(겉)

안주머니(겉)

②손잡이와 안주머니를 끝까지 끼워 넣는다

뒷몸판(안)

④손잡이를 몸판 위로 젖힌다

손잡이(안)

⑤상침 0.2cm

안주머니(겉)

뒷몸판(안)

⑥겉으로 뒤집는다

완성

보스턴백

Page 42 / Pattern C면 E-3

[완성사이즈]
One Size 65cm×40cm
※손잡이를 포함하지 않은 사이즈입니다

[재료]
· 겉감 110cm×120cm
· 안감 110cm×150cm
· 소잉심지 110cm×120cm
· 100cm길이 지퍼 1개
· 0.5cm폭 양면징 16쌍
· 3.8cm폭 웨이빙끈(손잡이용) 1팩
· 3.2cm폭 웨이빙끈(여밈감용) 1팩
· 3cm폭 여밈고리 2쌍
· 3cm폭 크로스 웨이빙핸들 1개
· 3cm폭 D링 2개

[재단배치도]
· 지정 이외의 시접은 1cm
· ▨ 부분에 소잉심지를 붙인다
· ∿ 표시된 부분은 지그재그봉제 또는 오버록 처리한다
· D링 고리감 실물크기 패턴 P.111 참고

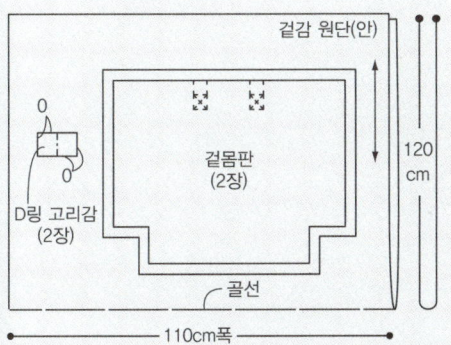

겉감 원단(안)
0
D링 고리감 (2장)
겉몸판 (2장)
골선
120cm
110cm폭

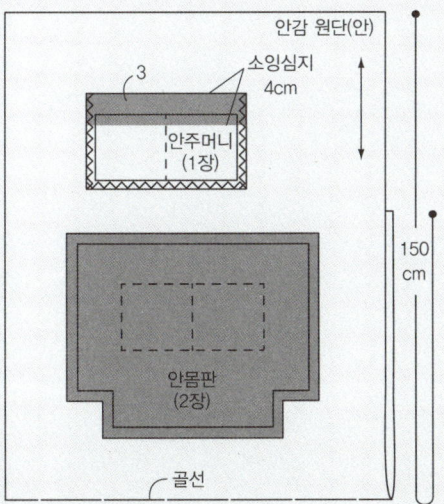

안감 원단(안)
3
소잉심지 4cm
안주머니 (1장)
안몸판 (2장)
골선
150cm
110cm폭

[만드는 순서]

7 크로스 핸들을 단다
1 웨이빙끈 손잡이를 겉몸판에 단다
2 D링 고리감을 만들어 겉몸판에 임시고정한다
4 몸판에 지퍼를 단다
5 겉·안몸판을 연결한다
6 여밈감을 만들어 단다
앞
3 안주머니를 만들어 안뒷몸판에 단다
안뒷몸판(겉)
안주머니(겉)

★치수가 기재되어 있지 않은 곳은 1cm로 봉합합니다.

1 웨이빙끈 손잡이를 겉몸판에 단다

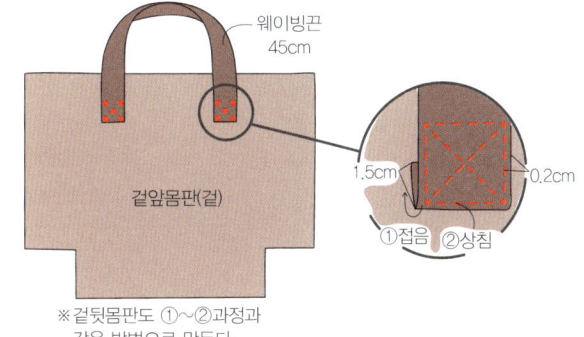

웨이빙끈 45cm
겉앞몸판(겉)
1.5cm
0.2cm
①접음 ②상침

※겉뒷몸판도 ①~②과정과 같은 방법으로 만든다

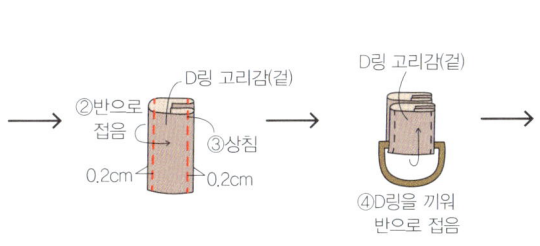

②반으로 접음
③상침
0.2cm 0.2cm
D링 고리감(겉)
D링 고리감(겉)
④D링을 끼워 반으로 접음

2 D링 고리감을 만들어 겉몸판에 임시고정한다

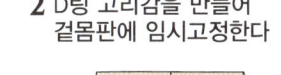

D링 고리감 (안)
4cm
7cm

D링 고리감(안)
①접음 ①접음
1cm 1cm

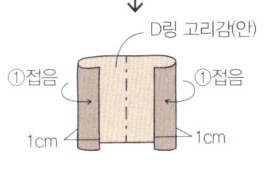

0.7cm
⑤임시고정 봉합

D링 고리감(겉)
겉앞몸판(겉)

※겉뒷몸판도 ①~⑤과정과 같은 방법으로 만든다

3 안주머니를 만들어 안뒷몸판에 단다

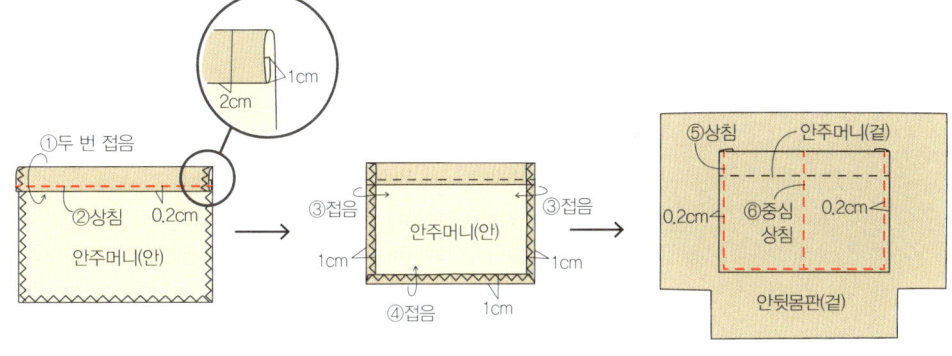

2cm 1cm
①두 번 접음
②상침 0.2cm
안주머니(안)
③접음 ③접음
안주머니(안)
1cm 1cm
④접음 1cm
⑤상침 안주머니(겉)
0.2cm ⑥중심 상침 0.2cm
안뒷몸판(겉)

4 몸판에 지퍼를 단다

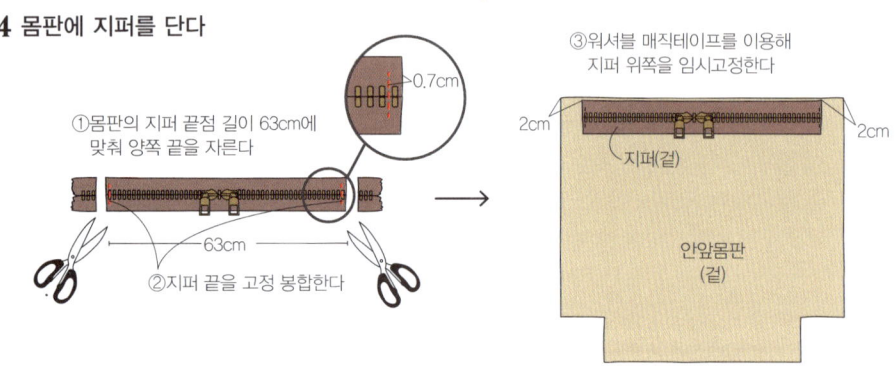

①몸판의 지퍼 끝점 길이 63cm에
맞춰 양쪽 끝을 자른다

0.7cm

②지퍼 끝을 고정 봉합한다

63cm

③워셔블 매직테이프를 이용해
지퍼 위쪽을 임시고정한다

2cm

2cm

지퍼(겉)

안앞몸판
(겉)

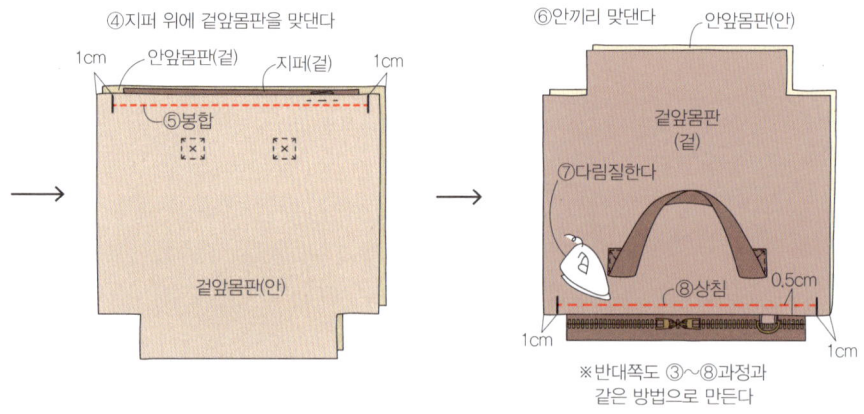

④지퍼 위에 겉앞몸판을 맞댄다

1cm

안앞몸판(겉)   지퍼(겉)   1cm

⑤봉합

겉앞몸판(안)

⑥안끼리 맞댄다   안앞몸판(안)

겉앞몸판
(겉)

⑦다림질한다

⑧상침   0.5cm

1cm   1cm

※반대쪽도 ③～⑧과정과
같은 방법으로 만든다

5 겉 · 안몸판을 연결한다

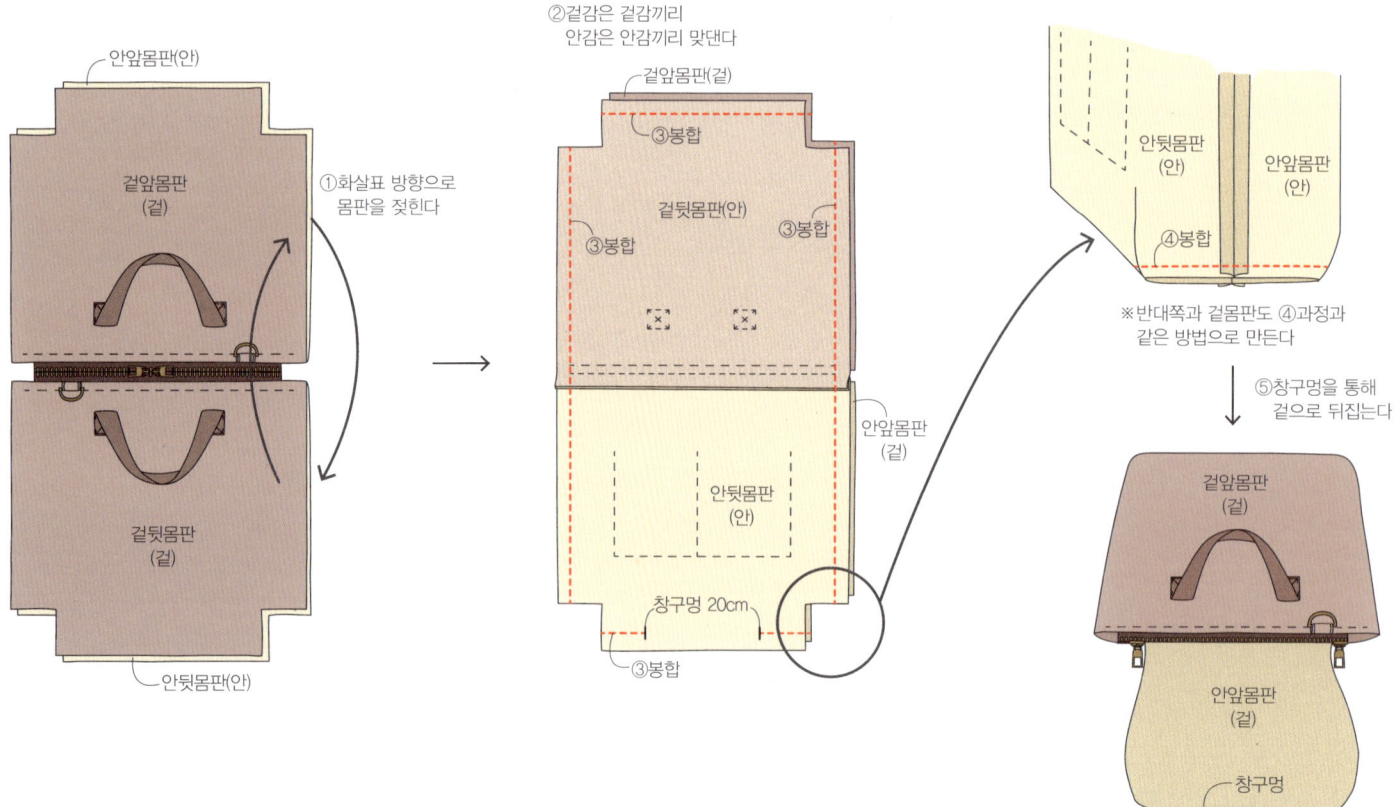

안앞몸판(안)

겉앞몸판
(겉)

①화살표 방향으로
몸판을 젖힌다

겉뒷몸판
(겉)

안뒷몸판(안)

②겉감은 겉감끼리
안감은 안감끼리 맞댄다

겉앞몸판(겉)

③봉합

겉뒷몸판(안)

③봉합   ③봉합

안앞몸판
(겉)

안뒷몸판
(안)

창구멍 20cm

③봉합

안뒷몸판
(안)   안앞몸판
(안)

④봉합

※반대쪽과 겉몸판도 ④과정과
같은 방법으로 만든다

⑤창구멍을 통해
겉으로 뒤집는다

겉앞몸판
(겉)

안앞몸판
(겉)

창구멍

6 여밈감을 만들어 단다

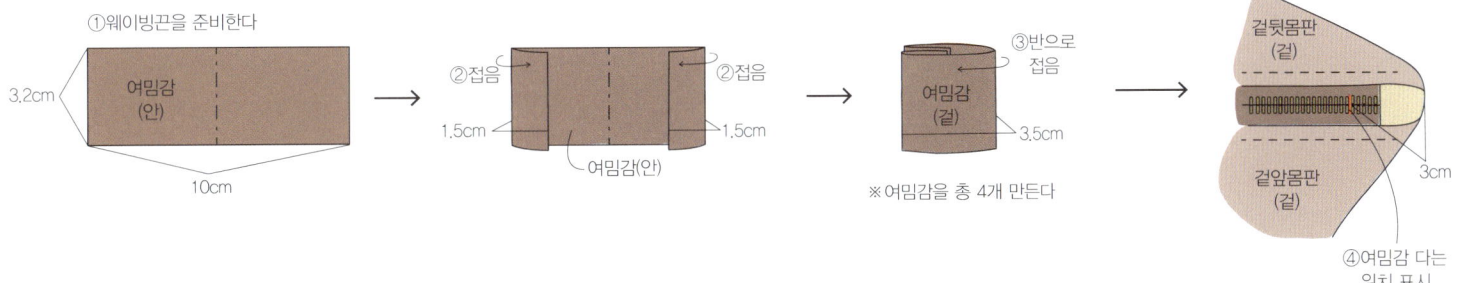

①웨이빙끈을 준비한다

3.2cm
여밈감
(안)
10cm

②접음
②접음
1.5cm
1.5cm
여밈감(안)

③반으로
접음
여밈감
(겉)
3.5cm
※여밈감을 총 4개 만든다

겉뒷몸판
(겉)
3cm
④여밈감 다는
위치 표시
겉앞몸판
(겉)

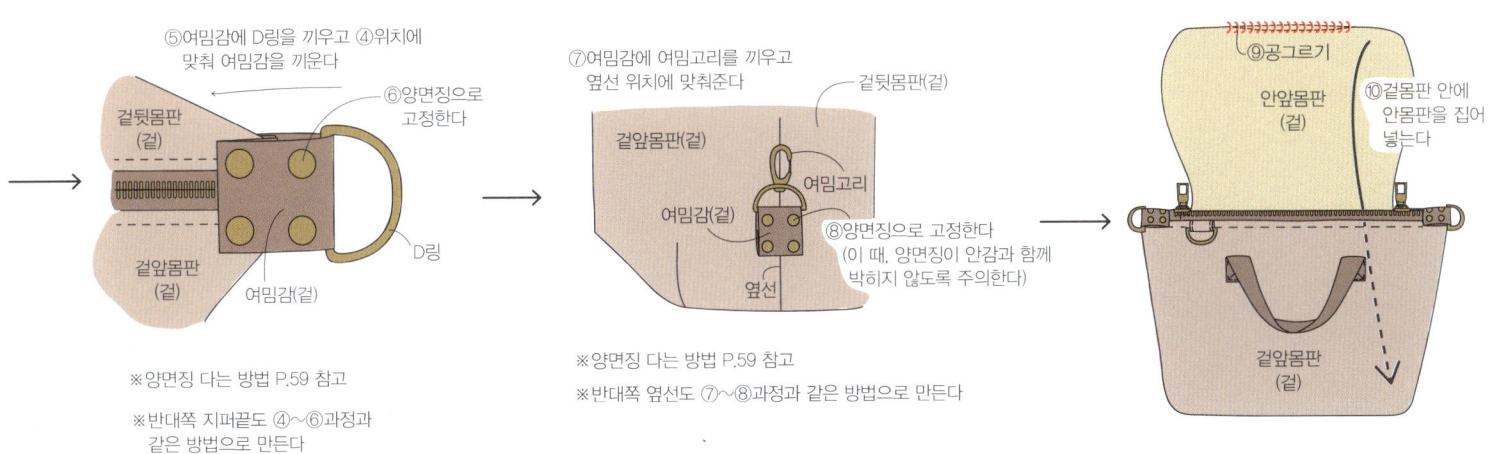

⑤여밈감에 D링을 끼우고 ④위치에
맞춰 여밈감을 끼운다

겉뒷몸판
(겉)
⑥양면징으로
고정한다

겉앞몸판
(겉)
여밈감(겉)
D링

※양면징 다는 방법 P.59 참고

※반대쪽 지퍼끝도 ④~⑥과정과
같은 방법으로 만든다

⑦여밈감에 여밈고리를 끼우고
옆선 위치에 맞춰준다

겉뒷몸판(겉)
겉앞몸판(겉)
여밈고리
여밈감(겉)
⑧양면징으로 고정한다
(이 때, 양면징이 안감과 함께
박히지 않도록 주의한다)
옆선

※양면징 다는 방법 P.59 참고

※반대쪽 옆선도 ⑦~⑧과정과 같은 방법으로 만든다

⑨공그르기
안앞몸판
(겉)
⑩겉몸판 안에
안몸판을 집어
넣는다
겉앞몸판
(겉)

7 크로스 핸들을 단다

②D링에
크로스 핸들을
연결한다

크로스 핸들

완성

겉앞몸판(겉)

①여밈고리를
D링에 연결한다

〈D링 고리감 실물크기 패턴〉

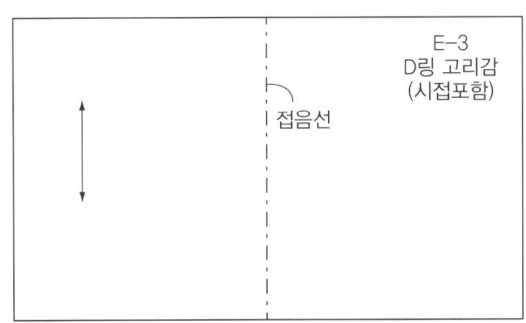

E-3
D링 고리감
(시접포함)
접음선

SEWING HARUE 20 개정판

Man & Kid Clothes

트렌디한 남성복 만들기

개정판 1쇄 발행 2020년 07월 08일
개정판 2쇄 발행 2022년 07월 13일

발 행 인	정용효
기획/제작	이슬희, 유윤경
편집디자인	전하리
일 러 스 트	이슬희, 유윤경
감　　수	브라이언
패 턴 제 작	소잉컨텐츠
패 턴 편 집	이슬희
참 여 작 가	소잉스토리
	AMSA(아시아머신소잉협회)
	김혜선 신영민 신우선
	이미영 이보배 임효춘
	임희정 진미영 한혜정
	(이상 가나다순)
사　　진	Reina
모　　델	정석영, 황부용, 장선율
촬 영 장 소	르스튜디오
인　　쇄	웰컴P&P
등 록 번 호	제 2016-000002호
등 록 일 자	2016년 01월 26일
발 행 처	주)핸디스 소잉스토리
	광주광역시 북구 서암대로 133 (신안동), 3층
대 표 전 화	062_513_8957
팩　　스	062_515_8827
문 의 전 화	070_8893_9218
홈 페 이 지	www.sewingstory.com

PRINTED IN KOREA
ISBN 979-11-88062-33-1 13590
판매가 16,000원

소잉스토리는
소잉 D.I.Y 취미실용서를 출간합니다.

이 도서의 국립중앙도서관 출판예정도서목록(CIP)은 서지정보유통지원시스템 홈페이지 (http://seoji.nl.go.kr)와
국가자료공동목록시스템 (http://www.nl.go.kr/kolisnet)에서 이용하실 수 있습니다. (CIP제어번호: CIP2020026198)

패턴인

초보자의 눈으로 개발하는 **실물 패턴전문 브랜드 패턴인!**

1600 여종의 상품 보유 및 매달 신상품 출시!

point 1 ────────────

재단배치도 부터 소잉 팁 까지
꼼꼼한 사진제작 설명서와 웹 제작 설명서로

쉽고 재미있게!

point 2 ────────────

패턴 전문 캐드를 사용한
전사이즈 실물 패턴과 사이즈별 칼라선으로

깔끔하고 편리하게!

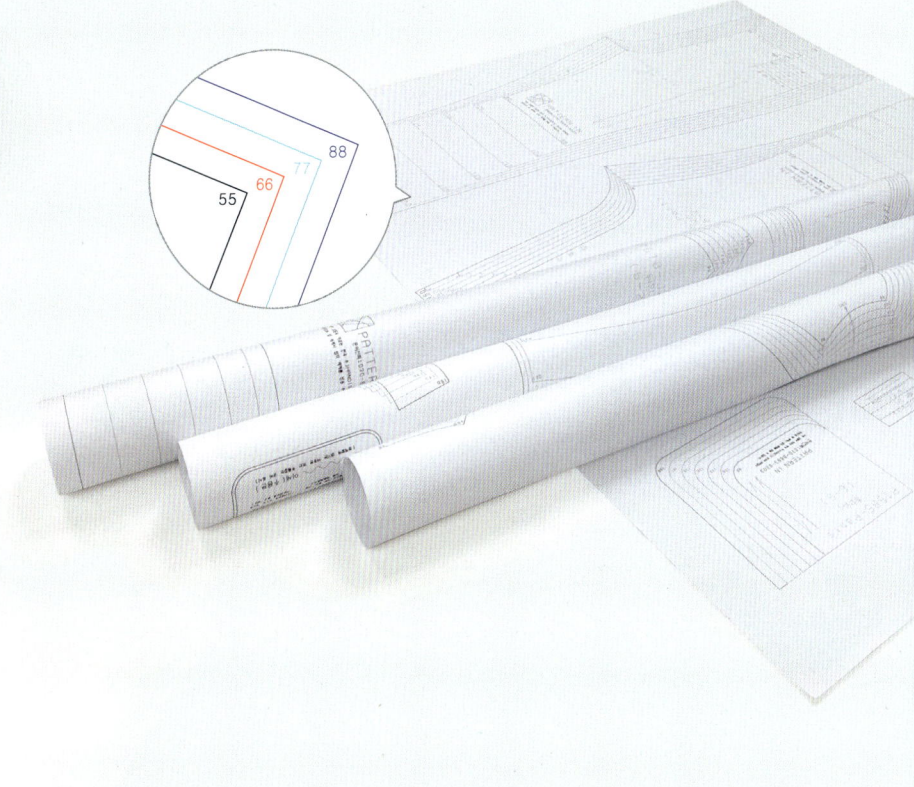

아래의 구매처에서 패턴인의 모든 상품을 만나 보세요!

패션스타트 / 패션스타트 전국 대리점 / 심플소잉 / 심플소잉 전국 대리점
퀼트스타 / 천가게 / 인패브릭 / 앤쏘라이프 / 인패브릭 / 선퀼트
아이러브아이웃 / 원단천국 / 원단1번지

패턴인 스토어팜

대한민국 대표 소잉 D.I.Y 전문 출판사 소잉스토리의 개발 단행본 시리즈

SEWING HARUE

프로페셔널 기획과 짜임새 있는 완성도를 바탕으로
2009년 한국 최초의 소잉 D.I.Y 잡지로 창간된 "소잉 하루에" 시리즈는
현재는 단행본 형식으로 변경하여 매 시즌 트렌디한 아이템들로 기획. 매년 3회씩 발간하고 있습니다.

"소잉 하루에" 만의 특별한 구성!

친절한
sewing
tip

&

all color
일러스트
설명서

&

편리한
실물크기
패턴 부록

한국 소어들의 니즈와 체형에 딱 맞는 아이템들로 기획, 제작한 "소잉 하루에" 시리즈를 지금 만나보세요.

SEWING HARUE vol. 28

**직접 만들어 입고 싶은
COUPLE LOOK 20**

20작품 수록 / 108쪽 / 정가 18,000원
실물크기 패턴 2매(4면) 20작품 수록

[직접 만들어 입고 싶은 COUPLE LOOK 20] 에서는 사랑하는 사람과 함께 즐길 수 있는 커플 룩을 주제로 남/여 의상 20작품을 10가지 커플 룩으로 수록했습니다. 사랑하는 사람과 함께 세상에 단 하나뿐인 커플 패션을 즐겨보세요.

SEWING HARUE vol. 29

**우리 아이를 위한
특별한 핸드메이드 옷과 소품**

23작품 수록 / 112쪽 / 정가 18,000원
실물크기 패턴 2매(4면) 22작품 수록

[우리 아이를 위한 특별한 핸드메이드 옷과 소품] 에서는 사랑스러운 우리 아이를 위한 의상과 소품 총 23작품을 50~70사이즈, 80~130사이즈로 알차게 담았습니다. 마음과 정성을 다해 세상에 단 하나뿐인 작품을 만들어 선물해보세요.

SEWING HARUE vol. 30

**에이프런과 원피스
그리고 리넨 handmade**

20작품 수록 / 108쪽 / 정가 18,000원
실물크기 패턴 2매(4면) 20작품 수록

[에이프런과 원피스 그리고 리넨 handmade] 에서는 다양한 에이프런을 한 권에 담았습니다. 여성 에이프런, 원피스 / 아동 에이프런, 원피스 총 20작품을 수록하였습니다. 나만의 감성 에이프런을 만나보세요.

SEWING HARUE vol. 22

미네와 함께 하는
'우리 가족 소잉 소품과 의상'

39작품 수록 / 194쪽 / 정가 17,000원
실물크기 패턴 2매(4면) 39작품 수록

[미네와 함께 하는 우리 가족 소잉 소품과 의상]에서는 나와 내 아이, 배우자의 일상을 가득 채워 줄 다양한 쓰임새의 소품과 의상을 소개합니다. 총 39작품을 모두 일러스트 제작 설명서로 수록했습니다. 특별한 선물을 준비해보세요.

SEWING HARUE vol. 23

정성이 깃든
우리 가족 한복 만들기

28작품 수록 / 150쪽 / 정가 16,000원
실물크기 패턴 2매(4면) 28작품 수록

[정성이 깃든 우리 가족 한복 만들기]에서는 아름다운 우리 한복을 일상에서 함께 할 수 있도록 아동 전통 한복과 생활 한복, 성인 한복과 한복 소품 28종을 수록했습니다. 우리 가족을 위한 한복을 내 손으로 직접 만들어 보세요.

SEWING HARUE vol. 24

깔끔한 실루엣의
원피스 만들기 25

25작품 수록 / 128쪽 / 정가 16,000원
실물크기 패턴 2매(4면) 25작품 수록

[깔끔한 실루엣의 원피스 만들기 25]에서는 기본 원피스, 주름 원피스, 프린세스 원피스, 랩 원피스, 셔츠 원피스, 소품 총 6가지 테마의 원피스와 소품 25작품을 한 권에 담았습니다. 아름다운 실루엣이 가득한 원피스 작품들을 만들어보세요!

SEWING HARUE vol. 25

편안하고 특별한
핸드메이드 여성복

31작품 수록 / 144쪽 / 정가 18,000원
실물크기 패턴 2매(4면) 31작품 수록

[편안하고 특별한 핸드메이드 여성복]에서는 나의 일상을 채워 줄 다양한 스타일의 여성복을 소개합니다. 베스트, 티셔츠, 블라우스, 셔츠, 자켓, 하의 총 6가지 테마의 작품 31종을 수록하였습니다. 일상 속 소잉의 즐거움을 느껴보세요.

SEWING HARUE vol. 26

네 가지 스타일의
핸드메이드 여성복

32작품 수록 / 152쪽 / 정가 18,000원
실물크기 패턴 2매(4면) 32작품 수록

[네 가지 스타일의 핸드메이드 여성복]에서는 네 작가들의 각각의 취향과 마음을 담은 작품들을 소개합니다. 작가별로 8작품씩, 총 32작품을 수록하고 있어 다양한 스타일의 아이템을 한 권으로 만날 수 있습니다. 나의 취향을 발견해보세요.

SEWING HARUE vol. 27

Daily lady's closet
사계절 핸드메이드 여성복

20작품 수록 / 120쪽 / 정가 18,000원
실물크기 패턴 2매(4면) 20작품 수록

[Daily lady's closet 사계절 핸드메이드 여성복]에서는 일 년 내내 다양하게 레이어드하여 즐길 수 있는 여성복 상의, 원피스, 하의, 아우터, 소품 총 20작품을 수록했습니다. 간편하면서도 감각적인 데일리 룩을 만나보세요.

여러 구매처 및 온/오프라인 서점에서
다양한 〈소잉 하루에〉 시리즈를 만나 보세요!

패션스타트

심플소잉

퀼트스타

패턴인
스마트스토어

SEWING STORY

핸디스 소잉스토리 출판사는 소잉 D.I.Y 전문 출판사입니다. 개발 단행본 시리즈인 소잉 하루에, 그리고 일본에서 인기 있는 소잉 서적을 번역하여 출간합니다. 소잉스토리 홈페이지에서 더 많은 출간서적을 확인해보세요.

소잉하는 사람의 마음과 손으로 짓는 책, 소잉스토리의 안목으로 선정한 번역서들을 만나보세요.

오늘도 내일도
핸드메이드 원피스

21작품 수록 / 88쪽 / 정가 18,000원
실물크기 패턴 2매(4면) 16작품 수록

[오늘도 내일도 핸드메이드 원피스]에서는 심플하고 밝은 느낌의 다양한 여성 원피스로 구성되어 있습니다. 나만의 감성을 자극하는 원피스로 사랑스러운 느낌을 연출해 보세요.

내가 만들어 입는
코디네이트 룩

26작품 수록 / 88쪽 / 정가 18,000원
실물크기 패턴 2매(4면) 26작품 수록

[내가 만들어 입는 코디네이트 룩]에서는 셋업 스타일을 주제로 총 6가지 코디를 구성하여 다양한 디자인의 여성복 아이템들을 한 권에 담았습니다. 심플하고 멋스러운 셋업 스타일을 즐겨보세요.

리넨으로 만드는
에이프런과 소품 36

36작품 수록 / 88쪽 / 정가 18,000원
실물크기 패턴 1매(2면) 36작품 수록

[리넨으로 만드는 에이프런과 소품 36]에서는 다양한 디자인의 여성 에이프런과 여성복, 커플로 코디할 수 있는 남성용, 아동용 에이프런과 소품을 한 권에 담았습니다. 나와 사랑하는 사람들을 위한 에이프런을 지금 만들어 보세요.

즐겨 입는
핸드메이드 여성복 35

35작품 수록 / 88쪽 / 정가 18,000원
실물크기 패턴 1매(2면) 28작품 수록

[즐겨 입는 핸드메이드 여성복 35]에서는 다양한 형태의 여성복을 소개합니다. 또한 나만의 코디를 돋보이게 해줄 가방과 브로치 등 소품들을 함께 담았습니다. 나만의 감성, 취향을 한껏 담은 핸드메이드 패션을 즐겨보세요.

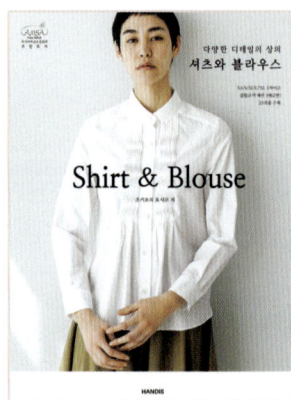

다양한 디테일의 상의
셔츠와 블라우스

25작품 수록 / 96쪽 / 정가 16,000원
실물크기 패턴 1매(2면) 25작품 수록

[다양한 디테일의 상의 셔츠와 블라우스]에서는 다양한 디테일이 담긴 여성 상의들을 소개합니다. 소매의 형태부터 밑단 처리, 핀턱 장식 등 소잉에 유용한 디테일이 담긴 작품이 25종 수록되어 있습니다. 내가 원하는 디테일을 골라 만들어보세요.

매일 입고 싶은
핸드메이드 여성복 만들기

14작품 수록 / 88쪽 / 정가 17,000원
실물크기 패턴 2매(4면) 14작품 수록

[매일 입고 싶은 핸드메이드 여성복 만들기]에서는 여성들에게 사랑받는 아이템인 블라우스부터 원피스, 스커트, 팬츠 등 다양한 아이템 14종을 All Color 사진 제작 설명서로 수록했습니다. 일상을 함께하고 싶은 여성복을 직접 만들어보세요.

여러 구매처 및 온/오프라인 서점에서
다양한 소잉스토리 서적들을 만나 보세요!

패션스타트

심플소잉

퀼트스타

패턴인
스마트스토어

Tiffany

바늘 끝에서 피어나는 아름다움

심플하고 세련된 외모와 독보적인 자수 사이즈로
가정용 자수기의 한계를 뛰어넘어
작품을 예술 그 자체로 만들어줍니다.

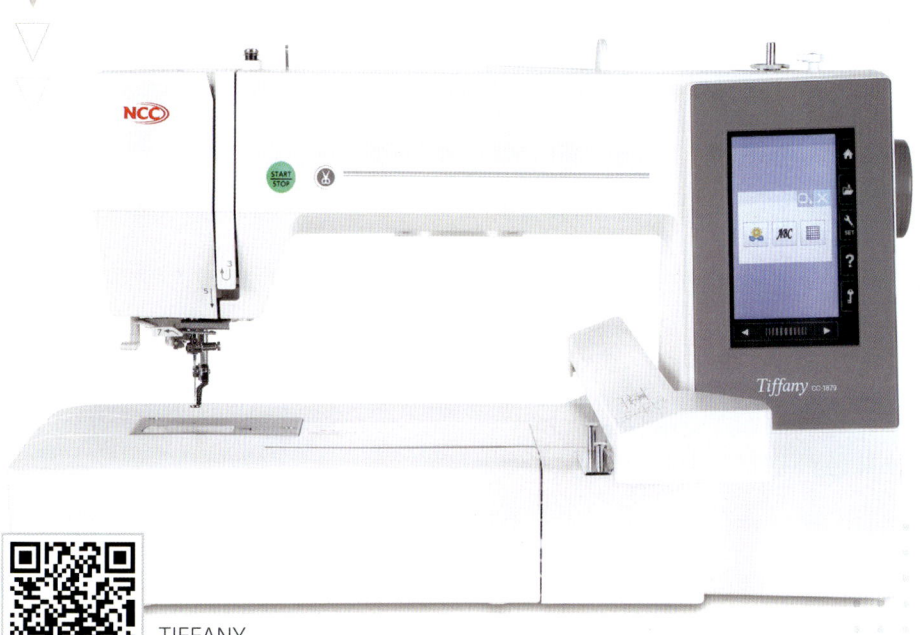

TIFFANY
자세히 알아보기

TIFFANY 특징

01 시크한 웜그레이 포인트 디자인

02 최대 자수 영역 200×360mm

03 최대 자수 속도 860SPM

04 180가지 실용적인 내장 자수 디자인

TIFFANY 기능

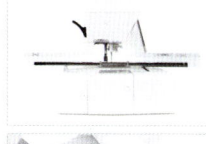

와이드 자수 캐리지
초대형 후프를
안전하게 지탱

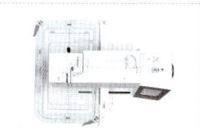

자수틀 고정장치
더 간편하고 안정적인
레버 + 핀고정 방식

확장판 테이블
더 넓은 작업 공간

LED 조명
어두운 곳에서
더 빛나는 5개의
LED 조명 탑재

프리텐션 실가이드
윗실의 꼬임·빠짐을
방지하여 실공급을
원활하게

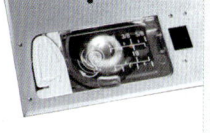

3곳의 사절 장치
가위 없이도
언제나 편리하게

심플소잉

국내 최초 재봉틀 공방 브랜드

심플소잉은 국내 30여 개의 대리점을 보유한
국내 최초 DIY 소잉 전문 브랜드입니다.

어떤 분야에 관심이 있으신가요

재미와 실용성을 두루 갖춘 **소품 만들기 과정**

내 손으로 옷을 짓는 감동 **옷 만들기 과정**

소잉의 모든 것 '심플소잉'

고품질의 미싱
디자인, 기능, 내구성을 두루 갖춘 품격있는 미싱을 직접 체험할 수 있습니다.

다양한 소잉 전문 원단/부자재
국내·외 다양한 원단/부자재를 보유하고 있어 작품의 완성도를 높여줍니다.

체계적인 소잉 교육
기초부터 마스터까지 전문 강사님과 함께하여 어렵기만 했던 소잉이 쉽고 재미있어집니다.

AMSA
Asia Machine Sewing Association
사단법인 아시아 머신 소잉 협회

전문 강사반 운영
AMSA만의 소잉 전문 교육을 통해 소잉 작가로서의 활동은 물론 공방 창업에 큰 도움을 드립니다.

차별화된 '심플소잉'만의 교육

수강 최대 인원 5명
소수 인원제 밀착 수업

내 스케줄에 맞춰 수강하는
수업 사전 예약제

충분히 갖춰진
소잉 전문 환경

정규과정 교재
& 실물 패턴 제공

홈패션, 소품, 의상을
한 곳에서

초보에서 마스터가
되기 위한 단계별 학습

모두 똑같은 패키지 NO!
나만의 개성 있는 작품

소잉 전문 교육을 통한
창업 인재 양성

심플소잉 대리점 안내

서울·경기·강원 지역

강남개포점 070-8836-9394	경기광주오포점 031-767-6415
남양주별내점 031-572-7353	분당판교점 031-703-3841
수원광교점 031-211-3885	수원영통점 031-273-9411
수지신봉점 031-264-3769	안양동편마을점 031-703-7249
용인죽전점 031-265-0301	원주단구점 033-762-0251
이천창전점 031-638-8904	인천구월점 032-233-0708
일산주엽점 031-906-6577	하남미사점 031-795-3108
화성동탄점 070-4190-3830	

충청 지역

대전노은점 070-7776-5337	서산호수공원점 041-665-0607
아산배방점 041-532-5476	제천중앙점 043-642-3106
천안백석점 070-4078-9135	천안신방점 041-579-7275
청주가경점 043-232-0306	청주율량점 043-900-3579

경상 지역

경주용황점 010-9778-5588	김해내외점 055-337-5744
동래온천점 051-365-1591	울산약사점 052-296-1009
창원남양점 055-263-5662	포항대이점 054-272-6349

전라 지역

광주시청점 062-375-0525	군산지곡점 063-468-6338
목포하당점 061-287-8155	순천동외점 061-900-9965
여수엑스포점 061-642-0427	전주송천점 063-278-1088

대리점 개설 상담 및 문의

Kohas iD Co., Ltd

1644-5662

〈2022년 제13회 전시회〉 주제-소잉 콘서트

〈2021년 제12회 전시회〉 주제-나가다 만나다

〈2020년 제11회 전시회〉
주제-SEWING WITH MOVIES

민간자격 등록번호 2017-004750

사단법인 AMSA 아시아머신소잉협회

아시아머신소잉협회(AMSA : ASIA MACHINE SEWING ASSOCIATION)는
소잉전문영역에서 가장 높은 교육수준을 유지하여 작가와 강사를 양성하고,
그 강사들이 모여 구성된 명실공히 국내 최대의 협회입니다.
AMSA는 능률적이고 안정적인 소잉을 구현할 수 있는 소잉기술을 바탕으로
교육 프로그램, 교재를 마련하고 이들의 품질을 계속적으로 개선하고 감독합니다.
또 강사에게 자격을 부여하고 AMSA 교육을 전파하기 위한 지원 서비스를 합니다.

소잉마이스터강사 320명	90개의 대리점과 공방
매년 2,400명 취미반 양성	강사준비 500명 진행중

AMSA 정규과정 운영과정

취미반 수강(2~6개월)
▼
AMSA 정규과정 수강(6~15개월)
▼
포트폴리오 등록(인증시험 2개월전)
▼
포트폴리오 및 실물 심사(인증시험 1개월전)
▼
정규과정 인증시험 합격

소잉 아트 디자이너 자격 취득
▼
MSET 수료 또는 소잉 관련학과 졸업과 심사
▼
소잉 마이스터 자격 취득
▼
정규과정 교육운영(강사용 정규과정 교재 수령)

※ 본 머신 소잉 지도강사 자격은 매년 갱신됩니다.

협회원 누적 15,000명이 먼저 경험한 검증된 정규 운영과정입니다.
취미반부터 소잉 지도강사 자격증까지 쭉 경험해보세요.

**여러분도 창업이 가능한 소잉강사가 될 수 있습니다.
지금 바로 문의하세요~**

AMSA 사무국   전화번호 070.8281.8958   팩스 062.522.8827   이메일 amsa2009@naver.com   홈페이지 amsa.or.kr
사무국 주소 - 광주광역시 북구 서암대로 133.3층   교육장 주소 - 대전광역시 서구 탄방동 768, 5층 501호

From KMSA

Happy Bears
해피베어스

FROM HAPPY BEARS

직접 만들어서 더 의미있는 DIY 작품은 어떤 마음을 가지고 만드냐에 따라서 그 가치가 또 달라지는 것 같아요. 누군가를 걱정하고, 아끼고, 사랑하는 마음을 담아 완성 한다면 그 마음 까지 함께 고스란히 전해지는 것이 손으로 직접 만드는 핸드메이드 (HAND MADE)가 아닐까 생각됩니다 :)

해피베어스 역시 소잉 DIY를 하는 모든 사람들을 위하는 마음을 담아 소잉작업에 필요한 좋은 상품(Product)을 고민하여 보다 더 멋진 작품을 완성할 수 있고, 늘 즐겁고 행복한 작업시간을 가질 수 있도록 가치있고, 실용적인 다양한 소잉 부자재를 기획하는데 노력하고 있습니다.

01 작품의 완성도와 품격을 UP ↑
프라임 소잉전용실

의상, 소품, 홈패션, 미싱퀼트, 자수 등 작품 구분없이 사용 가능하며 일반 원단부터 아사(론), 시폰, 수영복원단. 다이마루, 모직 등 다양한 원단을 봉제할 수 있는 멀티실입니다. 코어(CORE)사로 일반 폴리에스테르실에 비해 내구성이 Good! 파인 프라임(53수2합/얇은 원단용), 프라임(45수2합/일반 원단용), 스티치 프라임(29수3합/두꺼운 원단용) 총 3종으로 구성.

SIZE 약 바닥 3 X 높이 5cm
　　　파인 프라임/프라임(400m), 스티치 프라임(200m)
PRICE 프라임 2,600원 / 파인, 스티치 프라임 2,800원

02 린넨에 잘 어울리는 따뜻한 색감
프라임 소잉전용실 린넨 40색 패키지

린넨 원단에 어울리는 내추럴한 색감의 프라임 소잉전용실(45수2합) 40색이 1세트로 구성되어 있습니다. 따뜻한 색감에 스탬핑 처리되어 있는 감각적인 디자인의 크라프트 실박스에 깔끔하게 담겨 있습니다.

SIZE 박스사이즈 약 가로 19 X 세로 28.5 X 높이 6.5cm
PRICE 93,600원

03 달달한 분위기를 더해요
마시멜로 무지개실

실 한가닥에 다채로운 색상이 그러데이션되어 있어 무척 매력적인 무지개실. 미실퀼트, 미싱자수, 의상, 소품, 홈패션 등 다양한 작품에 사용할 수 있는 달콤한 멀티실입니다. 일반 무지개실과 달리 실 중심에 나일론사가 들어있는 코어(CORE)사로 내구성 또한 Good! 총 10컬러 구성.

SIZE 약 바닥 3 X 높이 5cm / 45수2합 / 400m
PRICE 3,800원

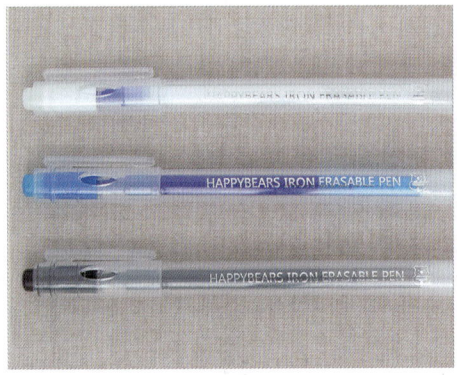

04 제도/재단 작업시 없어선 안될 필수템
아이론 열펜

펜 촉의 팁 두께는 0.5mm 정도로 선이 비교적 가늘고 견고하게 그어지기 때문에 섬세한 작업에 사용하기 좋고, 작업후 다리미의 열만으로 쉽게 선을 지울 수 있어 간편합니다. 3가지 색상으로 구성.

SIZE 심 두께 약 0.5mm
PRICE 1,800원

05 덕분에 작업 시간이 줄었어요
아이론 시접자

아이론 시접자는 고열에 녹지 않는 특수 열경화성 아크릴 소재로, 직선, 곡선, 완만한 곡선, 각지거나 둥근 모서리 부분 등 거의 모든 시접 부분을 한번에 손쉽게 다릴 수 있는 스마트한 시접자입니다. 원단을 꺾어 원하는 치수에 재단선을 맞춘 다음, 꺾인 부분을 다려주세요. 2가지 사이즈로 구성.

SIZE 약 20X10cm / 약 30X10cm / 두께 약 0.4mm
PRICE 10,000원 / 12,000원

06 작품의 완성도는 다림질에서 결정!
아이론 매트(다리미 스펀지)

아무리 봉제를 잘했어도 다림질이 어색하면 완성도 떨어지고, 멋진 라인을 만들기 힘들죠! 안정감있는 넓은 사이즈, 내구성과 실용성 만점인 아이론 매트는 원하는 예쁜 원단으로 커버링을 해주면 디자인까지 만점이 되는 강추 아이템! 2가지 사이즈로 구성.

SIZE 약 60X45cm / 약 150X50cm / 두께 약 3cm
PRICE 9,000원 / 17,000원

〈상품구매처〉 심플소잉 / 심플소잉대리점 / 패션스타트 / 패션스타트 대리점 / 퀼트스타 / 그외 온 · 오프라인